사랑은
크지도
작지도
않습니다

시와 산문
사랑은 크지도 작지도 않습니다

초판 인쇄 2013년 1월 20일
초판 발행 2013년 1월 25일

엮은이 – 윤소암
펴낸이 – 홍철부
펴낸곳 – 문지사

주소 – 서울특별시 은평구 갈현로 312
등록 – 1978년 8월 11일 제 3-50

TEL – (02)386-8451~2
FAX – (02)386-8453

값 10,000원

잘못된 책은 구입하신 서점에서 교환해 드립니다.

시와 산문

사랑은 크지도 작지도 않습니다

문지사

가슴이 아름다운 사람

가슴이 아름다운 사람과 만나고 싶다.
아름다움을 보면 감동할 줄 알고
글썽이는 눈물을 보면 슬퍼할 줄 알고
불의를 보면 분연히 떨칠 수 있는
가슴이 따뜻한 사람과 만나고 싶다.
그런 사람이라면 차 마시고 시 읊고
한 오백생 같이 살면서 피와 살 섞어도
아름답고
상쾌하고
향그럽다
해지는 저녁노을 같이 바라보면서
아침이슬 같이 밟으면서
호박빛 차 한 잔 같이 마시면서
머리가 수정같이 맑고
가슴이 불같이 뜨거운
느낌있고 눈물 많고 차거운 사람아
용기있고 슬기롭고 정다운 사람아
차 한 잔 마시고 싶다
차 한 잔 나누고 싶다.
옆에 있어도 없는 것 같이
옆에 없어도 있는 것 같이

| 윤소암 |

산비둘기

두 마리의 산비둘기가
상냥한 마음으로
사랑하였습니다.

그 나머지는
차마 말씀드릴 수 없습니다.

| 콕또 |

사랑이란 빈 곳을 채워주는 순리이다

수많은 감미로운 것들에 대한 사랑으로, 나타나엘이여! 나는 나 자신을 아낌없이 소모시켰다. 그것들의 찬란한 빛은 끊임없는 사랑의 불길이었다. 그럴 때마다 나는 지칠 줄을 몰랐다. 모든 열정이 나에게는 사랑의 소모, 감미로운 낭비였던 것이다.
이단자들 중에서도 가장 격렬한 나는 동떨어진 의견들, 사랑의 극단적인 우회며, 엇갈리는 특별한 사고에 늘 마음이 끌리었다. 어떤 사랑이든 간에 내가 흥미를 느끼는 쪽은 그가 남들과 다르다는 점이었다. 그리하여 나는 나의 마음 속으로부터 공감이라는 예속되기 쉬운 감정을 추방하기에 이르렀다.
왜냐 하면 거기에는 공통적인 감동의 인식밖에는 보이지 않았기 때문이다.
나타나엘이여! 인간의 만남이란 공감이 아니고 사랑이어야 한다는 사실을….

'사랑이란 빈 곳을 채워 주는 순리이다.'

사랑의 철학

샘물이 모여서 강물이 되고
강물이 합쳐서 바다가 된다.
하늘의 바람은 영원히
달콤한 감정과 섞인다.
세상에 외톨이는 없다.
만물은 하늘의 법칙에 따라서
서로서로 다른 것과 어울리는데
어찌 내가 당신과 짝이 못 되랴?

보라, 산은 높은 하늘과 입맞춤하고
물결은 물결 끼리 서로 껴안는다.
햇빛은 대지를 껴안고
달빛은 바다에 입맞춤한다.
이런 모든 입맞춤이 무슨 소용 있으랴.
당신이 나에게 키스해 주지 않는다면!

|셸리|

나무나 새는 미래를 고민하지 않는다

앞에 보이는 황량한 길. 날개를 펼치고 목욕하는 바다의 새들. 내가 살아야 할 곳은 바로 여기다.

내가 붙들려 있는 곳은 숲속의 나무 잎새 그늘 떡갈나무 아래의 동굴. 토굴집은 너무나 춥다. 지금의 남루한 일상에 나는 지쳐 있다.

지금 골짜기는 깊어서 어둡고, 언덕은 높아 하늘이 가깝고, 나뭇가지의 슬픈 울타리 가시덤풀 위로 찬 바람이 넘는다. 이 곳은 즐거움이 없는 고독한 나만의 삶의 거처였다.

사랑의 의미

사랑은 잘 쌓인 들판의 낟가리처럼
당신을 온몸으로 거두어들이는 것
사랑은 당신을 한가지씩 벌거벗게 하는 것
사랑은 당신을 채로 쳐서
쓸모 없는 껍질들을 털어버리는 것
사랑은 당신을 잘 주물러
신의 축제에 쓰일 지혜의 빵이 되도록
성스런 불꽃 위에 올려놓는 것.

사랑은 이 모든 일을 당신에게 베풀어
마음의 비밀을 깨닫게 하고
그 깨달음으로 삶의 마음에 빛이 되게 하리라.
사랑은 저 외에는 아무것도 주지 않으며
저 외에는 아무 것도 구하지 않는 것
사랑은 소유하지도 소유 당할 수도 없는 것
사랑은 오로지 그 자체만으로 충분한 것
사랑은 크지도 작지도 않은 것.

|칼릴 지브란|

인간은 자기 손에 든 삶의 등불을 따라 가는 존재다

나타나엘이여!
이 세상 어느 곳에서나 신의 존재를 찾기 위해 방황하지 말라. 피조물마다 신을 내재하고 있지만, 그 어느 것도 신의 본 모습을 드러내보이지 않는다. 우리들의 시선이 그 위에 머무르게 되면, 어느 피조물이든 간에 우리로 하여금 신으로부터 등을 돌리게 하는 그 순식간에 사라져버린다.
나타나엘이여!
인간이란 어둠 속에서 자기 손에 든 등불을 따라 길을 더듬어 가는 외로운 존재일 뿐이다.

사랑의 선물

당신이 원하신다면 모든 것을 드리겠어요.
아침을, 나의 빛나는 이 아침을.
그리고 당신이 좋아하는
나의 황금빛 머리카락과
나의 아름다운 푸른 눈까지도.

당신이 원하신다면
난 모든 것을 당신께 드리겠어요.
밝은 햇살이 따사롭게 비치는 곳에서
들려오는 아침의 모든 소리를.
눈 뜨는 분수 속에서 솟아오르는
감미로운 맑은 물소리까지도.

마침내 찾아온 석양의 슬픔
내 슬쓸한 마음의 눈물인 저 석양을.
조그마한 나의 여린 손처럼
당신의 마음 가까이에
조용히 놔두지 않으면 안 될
나의 마음까지도

|기욤 아폴리네르|

꿈은 괴로워하는 자의 안식이다

간밤에 무슨 꿈을 꾼 것일까.

잠에서 깨어나자, 나의 욕망은 심한 갈증을 느꼈다.

마치 잠을 자면서 사막을 건너기라도 한 듯 심한 피로와 공포에 휩싸였다. 지금은 달빛마저 사라졌다.

나는 어둠의 매혹에 놀라며 슬프도록 도취감에 빠져 그대로 누워 있어야만 했다. 더 이상 사랑을 이야기하지 않을 것이다. 다시 여행을 떠나 닥치는 대로 길을 헤메이고 싶은 마음에 아침이 밝아 오기를 기다리고 있었다. 새벽이 되자, 곧바로 나는 길을 찾아 나섰다.

사랑의 비밀

꽃망울이 터지는 비밀한 순간을 기다려 보았는가.
굳게 다문 꽃잎들이 눈에 보이지 않게
살며시 부풀어 오르고
활짝 열리는 그 황홀한 순간을 기다려 보았는가.

하지만 우리는 기회를 놓친다.
이렇듯 꽃은 스스로 피어나는 그 은밀한 순간을
어느 누구에게도 보여주지 않는다.
사랑이 살며시 오는 것처럼
꽃은 이미 피어 영혼을 불사른다.

아무도 보지 못할 때만
꽃은 불꽃처럼 찬란히 모습을
그 누구도 모르는 순간,
그러나 돌아보면 처음부터 그랬던 것처럼 피어있다.
그것은 꽃들의 비밀
또한 우리의 작은 사랑의 비밀.

|투르게네프|

인생이란 부채를 다 갚는 마지막이 죽음이다

아침이 되면 나는 풀잎에 맺힌 이슬로 세수를 하였으며 떠오르는 태양이 젖은 옷을 말려 주었다. 노랫소리와 함께 소가 끄는 수레에 실려 힘겹게 집으로 돌아가는 수확물을 본 그날보다 더 아름다운 전원의 풍경이 언제 어디에 있었던가를 누가 말할 수 있으랴?

저녁 때면 낯선 마을에서 흩어졌던 사람들이 가정으로 다시 모여드는 것을 보았다. 피로에 젖은 위안의 귀로. 집의 출입문이 잠시 빛과 온기와 웃음으로 맞아들이기 위해 조용히 열렸다가 다시 닫혀지면 밤은 한 발짝 더 깊어졌다.

이제 방황하는 것들은 무엇이든 일체 그 안으로 들어갈 수 없다.

사랑의 슬픔

사랑의 순결한 아픔이여
사랑에 사로잡힌 마음이여

그 고통은 불처럼 뜨거우나 달콤하고
그 슬픔은 평온 속에 냉정하고
한때의 상처는 서글프지만
나는 그것을 변함없이 간직하려 한다.

이제 내 영혼은 치유되었지만
나는 갈구한다.
마음은 항상 그대로이기를
그 아픔 정녕 싫지 않았던 사랑이기에.

|칼릴 무트란|

인간은 미래를 예견하는 창조적 동물이다

누구에게나 신기할 만큼 항상 가능성은 열려 있다. 만약에 우리의 과거가 현재에서 하나의 역사를 투영하지 않는다면, 현재는 미래로 충만할 것이다. 그러나 유감스럽게도 유일한 과거가 유일한 미래를 계시할 뿐 - 공간 위에 놓인 무한한 긴 다리처럼 우리들 앞에 단 하나의 미래를 던지고 있을 뿐이다.

'인간은 미래를 예견하는 창조적 동물이다.'

사랑의 고통

당신의 사랑하는 고통을
나는 정말 견딜 수가 없습니다.

길을 걸으면서도 당신을 두려워합니다.
당신이 서 있는 그곳에서
어둠이 시작되고
당신이 나를 쳐다볼 때
그 눈으로 밤의 어둠이 찾아옵니다.
태양 속에 잠시 머무는 그림자를
난 지금까지 본 적이 없습니다

당신의 사랑하는 고통을
나는 정말 견딜 수가 없습니다.

| H.로렌스 |

사막은 한 알의 모래로부터 시작된다

모래 사막. – 거부된 생명. 그곳에는 심한 불볕으로 꿈틀거리는 바람과 더위가 있을 뿐이다. 그러나 모래는 그늘 속에서 빌로드처럼 보드라와지고, 저녁에는 마지막 불꽃처럼 타오르다가 아침에는 재와 같은 죽음의 모습으로 돌아와 있다. 언덕과 언덕 사이에는 하얀 골짜기가 있다. 우리는 그곳을 말을 타고 건넜다. 순식간에 모래가 우리들의 발자취를 덮어 버렸다. 갑자기 찾아든 심한 피로에 언덕이 나타날 때마다 넘을 수 없을 것 같은 고통이 뒤따랐다.

아아! 가장 작은 모래알일지라도 그곳에서 우주의 전체를 이야기 해주기를! 이는 무슨 생애를 추억하는 것인가.

사랑의 장터

사랑의 장터 그 따스한 밤은
장이 서는 날보다 더 열기로 들떠있다.
등불도 없고 노점상 불빛도 없고
단지 감미로운 대화만 있을 뿐
서로 알고 있으면서도
어색한 우리는 친구가 된다.
한 쌍, 한 쌍, 그리고 또 한 쌍.

꽃봉오리 같은 너와
꽃과 같은 내가
별빛을 그리다가 그리움만 키워서
산도 누워버리고 나도 눕는다.

봄밤은 부드러운 향기를 퍼뜨리고
숨이 차도록 너를 포옹하는 밤
아침이 밝으면 숲의 새가 지저귀고
풀잎에 맺힌 이슬방울이 영롱하게 빛난다.

| 따흐우엔 |

불가능한 영혼의 행복을 위하여

창백한 달에서 빛의 물결이 고요히 흘러내리고 있다. 안개가 드리워져 있어 마치 샘물인 양, 나는 그것을 입으로 마시고 있었다. 그 은빛을……

아아, 창이여! 얼마나 오랫동안 내 이마가 서늘한 유리에 기대어 열을 잊으려 했던가. 타는 듯한 열로 하여 몇 번이나 침대에서 발코니로 뛰쳐 나가 드높이 넓고 고요한 밤하늘을 우러러보면, 내 욕망은 안개처럼 사라져 버렸다.

지난날의 열정이여, 너로 하여 내 가난한 육체는 모두 탕진되고 말았다. 그러나 어린 영혼을 신으로부터 떼어놓아 아무 것도 남지 않는다면 영혼이 떠나간 내 육체는 얼마나 고갈되고 메마를 것이가.

그때 나의 정신적 친구 메날끄는 말했다.

"그대는 앞으로도 오랜 동안 불가능한 영혼의 행복을 추구할 것이라고……."

사랑은 수수께끼

사랑은 강요할 수 없지만
그러나 영원할 수 있습니다.

사랑은 대가를 치르고 얻을 수 없지만
그러나 놀라운 선물처럼 받을 수 있습니다.

사랑은 요구할 수 없지만
그러나 기다릴 수 있습니다.

사랑은 만들어 낼 수 없지만
그러나 조금씩 자라게 할 수는 있습니다.

사랑은 재촉할 수 없지만
그러나 자연스럽게 넘쳐나게 할 수는 있습니다.

| 사퍼 |

떠난다는 것은 돌아오기 위해서 필요한 것이다

너무나 푸른 하늘 속에 흰 것이라고는 한 폭의 돛, 초록빛 물 위에 어리는 돛의 그림자. 밤. 어둠 속에 반짝이는 은빛 반지들. 달빛 흐르는 사이를 사람들이 거닐며, 낮과는 전혀 다른 상념들. 사막에 쏟아지는 불길한 빛 바랜 달빛. 묘지를 서성거리는 영혼들. 푸른 돌바닥을 디디는 무수한 맨발들. 방바닥 위에 드리운 발코니의 그림자, 책의 흰 여백 위에 어리는 불길함. 가쁜 숨소리. 달도 이제 자취를 감추었다. 내 앞의 정원은 녹색의 호수와 같다. 그 호수의 표정은 흐느낌. 악문 입술. 상념의 고뇌. 삶의 중요성. 이제 보이는 것은 어둠뿐이다.

사랑의 기다림

나는 당신의 소중한 꽃이었습니다.
나는 저녁에 뚫어질 듯이 어둠을 바라보며
사랑이 오기를 기다리고 있습니다.
당신은 내 눈에 키스를 했습니다.
당신은 언덕 위에서 노래했습니다.
"너를 사랑하는 것이 이상하다." 라고
그 노래가 틀렸음을 내 어찌 알 수 있었겠습니까
당신의 뱀 같은 마음을 내 어찌 알았겠습니까
"좋아요 어서 가세요!"
나는 내 어두운 마음을 밤의 숲에 던졌습니다.
오오, 얼마나 슬픈 일인지 모릅니다.
모든 나무는 당신의 이름을 부르고 있습니다.
일찍이 내 행복의 새였던 그 이름을 말입니다.

|발라|

낮은 밤을 기다리는 예감이다

나는 하늘이 여명의 새벽을 기다리며 고요히 떠는 모습을 보았다. 하나씩 하나씩 별들이 꺼져 가고 있는 동안 목장은 찬 이슬에 젖은 채 아침 준비를 서두르자 공기는 싸늘한 애무의 촉감만을 남겨 놓았다.

얼마동안 불분명한 삶이 졸음에 못 이겨 눈 뜰 생각이 없는, 피로가 가시지 않은 내 머리 속은 아직까지 혼수 상태가 계속되고 있었다.

나는 숲이 내려와 있는 기슭 언저리에서 발걸음을 멈췄다. 이제 짐승들은 날이 곧 밝을 것이라는 확신과 기대감에 넘쳐서 다시 움직이며 즐거움을 찾고 있었다. 그리하여 삶의 신비가 나뭇잎 사이로 안개처럼 퍼져 나오기 시작하자, 곧 날이 밝았다. 그때 나는 또다른 새벽의 얼굴을 보았다. 그러자, 밤의 기다림을 예감했다.

사랑의 간격

함께 있어도 서로 거리를 두어야 합니다.
그리하여 하늘의 바람이 두 사람 사이에서
춤을 추게 하여야 합니다.

서로 사랑한다면
사랑을 구속해서는 안 됩니다.
당신의 영혼과 다른 영혼의 두 언덕 사이에
출렁이는 바다를 놓아 두어야 합니다.

서로의 잔을 채워주고 싶다면
한쪽의 잔만을 마셔서는 안 됩니다.
서로에게 빵을 주고 싶다면
한쪽의 빵만을 먹어서는 안 됩니다.

함께 노래하고 춤추며 즐기고 싶다면
서로를 혼자 있게 하여야 합니다.
마치 현악기의 줄들이 하나의 음악을 울리는 것처럼
서로의 가슴을 주어야 합니다.

|칼릴 지브란|

죽음 앞에서 모든 것이 완성된다

나는 인간의 번영을 감소시키는 그 모든 요소를 미워한다. 즉 인간의 예지를 상실케 하고 자신을 잃게 하고, 민첩성을 잃게 하는 독소와 같은 것들을 저주한다. 왜냐 하면 예지라는 감성은 완만함과 의혹을 수반하는 지혜라고 생각하지 않으니까. 그것은 내가 예지란 노인보다도 어린아이에게 더 많이 내재해 있다고 믿는 까닭이다.

사랑의 교훈

누구나 잘못할 수 있지만
누구나 솔직할 수 있는 것은 아닙니다.
그러나 진실한 사람의 아름다움은
무엇과도 비교할 수 없습니다.

솔직함은 겸손이고
두려움 없는 용기입니다.
잘못으로 부서진 것을 솔직함으로 건설한다면
어떤 폭풍우에도 견뎌낼 수 있습니다.

가장 연약한 사람이 솔직할 수 있으며
가장 여유로운 사람이 자신의 모습을 볼 수 있고
자신을 아는 사람만이 자신을 드러낼 수 있습니다.

| 테클라 매를로 |

최고의 것만을 소유하려고 하면 가난해진다

가을 벌판에서 소나기를 맞으며 외로이 서 있는 나무. 검붉게 물든 잎이 젖은 채로 떨어지고 있다. 낙엽 사이로 스며드는 빗물은 찾아올 봄을 위해 뿌리를 적셔 줄 것이다.

내 피곤한 맨발은 젖어 있는 대지, 웅덩이에 고여 있는 갈색의 물, 서늘하면서도 미지근한 진흙의 촉감을 즐겼다. 내가 왜 그토록, 무엇보다도 물에 젖어 있는 것에 매료되는 지 그 이유를 알고 있다. 물은 공기보다 더 뚜렷하게 변화하는 온도 차이를 육감적으로 느끼게 해 주기 때문이다. 그리하여 나는 가을의 축축한 갈색 바람을 사랑하지 않으면 안 되었다.

사랑의 종말

죽음만큼이나 강했던 사랑이 종말을 고했다.
시드는 꽃 속에
사랑이 누울 자리를 만들자.
머리맡에는 푸른 잔디밭
발 옆에는 돌 하나 놓아
고요한 저녁 나절
그곳에 우리가 앉도록 하자.

사랑은 봄에 태어나
가을이 되기 전에 끝나버렸다.
마지막 뜨거웠던 여름날
사랑은 떠나갔다.
차가운 잿빛 가을 황혼에
사랑은 머물러 있지 않는다.
우리 사랑의 무덤가에 앉아
가 버린 사랑을 노래하자.

| 로제티 |

봄은 자연의 마술이다

이 지상에서 가장 아늑하도록 아름다운 것에 대한 나의 깊은 애정이 닿지 않은 것을 본 적이 없다. 빛나는 아름다운 대지여, 그대의 겉모습은 피어나는 꽃들로 하여 마치 잔칫날처럼 흥겹다. 오, 내 욕망의 그림자가 펼쳐져 있는 풍경! 나의 탐색이 나비처럼 날아다니는 활짝 열린 고장, 물 위에 늘어진 파피루스 나무를 따라 뻗어간 작은 길. 강기슭에서 물결치는 갈대들. 숲속에 트인 꿈같은 빈 터. 나뭇가지 사이로 몰래 나타나는 연초록 벌판, 누군가와의 무한한 약속. 나는 시골 학교의 복도만큼이나 적막한 바위 또는 초목 들판 사이로 뚫린 길을 거닐었다. 그때 갑자기 눈 앞에 마술처럼 펼쳐진 봄을 보았다.

사랑

키스로 나를 사랑해 주는 너의 입술을
나의 입술이 다시 만나고 싶어한다.
고운 너의 손가락을 어루만지며
너의 손가락에 깍지 끼고 싶다.
내 눈의 목마름을 네 눈에 적시고
내 머리를 깊숙히 네 머리에 묻고
언제나 눈 떠 있는 젊은 육체로
네 몸의 움직임에 열중하여
늘 새로운 사랑의 불꽃으로 천 번이나
나의 아름다움을 새롭게 하고 싶다.
우리들의 마음이 온전히 가라앉고 겸허하게
모든 괴로움을 넘어서서 행복하게 살 때까지.
낮과 밤에, 오늘과 내일에 담담히
다정한 누이로서 인사할 때까지.
모든 행위를 넘어서서 빛에 싸인 사람으로
평화 속을 조용히 거닐 때까지.

| 헤르만 헤세 |

내일의 꿈은 하나의 기쁨이다

나타나엘이여! 과거의 물을 다시 맛보려고 더 이상 애쓸 필요가 없다. 미래 속에서 과거를 찾으려고 헛된 노력을 하지 말라. 순간마다 찾아오는 새로운 삶의 모습을 보아야 한다. 그리고 그대의 기쁨을 미리 준비하지 말라. 차라리 준비되어 있는 곳에서 또다른 기쁨이 그대 앞에 나타나게 되리라는 것을 예감하라.

행복은 우연히 찾아오거나 마주치는 그림자와 같아서, 그대가 노상에서 자주 만나는 사람들처럼 순간마다 나타나는 사랑을 어찌하여 깨닫지 못한단 말인가. 하지만, 그대가 꿈꾸던 행복은 그런 모습이 아니었다. 그런 이유로 그대의 행복이 사라져 버렸다고 생각하고 있다면, 오직 그대가 바라는 소망에 맞는 행복을 인정하지 않는다면 불행이 찾아올 것이다.

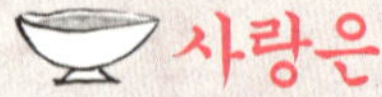

사랑은

사랑은 어떻게 찾아오는 것일까.
빛나는 태양처럼 찾아오는 것일까.
시나브로 떨어지는 꽃잎처럼 찾아오는 것일까
아니면 기도하는 모습으로 찾아오는 것일까?
말해 주렴.

하늘에서 빛나던 행복이 내려와
날개를 접고 마냥 흔들며
꽃처럼 피어나는 내 영혼에
커다랗게 걸려있다.

| 릴케 |

걷고 싶은 욕망, 거기에서 길이 열린다

그렇다. 입술 위에 떠오르는 모든 웃음에 부딪칠 때마다 입을 맞추고 싶었다. 뺨 위에 번지는 홍조를 볼 때마다, 눈 속에 고이는 눈물을 볼 때마다, 나는 그것을 마시고 싶었다. 나에게로 기울여 주는 나뭇가지의 달콤한 열매를 깨물고 싶었다.

어느 낯선 길 위의 작은 주막에 이를 때마다 심한 굶주림이 나를 맞아 주었다. 샘물은 나의 갈증을 기다리고 있었다.

걷고 싶은 욕망, 거기에서 길이 열리고, 쉬고 싶은 욕망, 거기에서 그늘이 부르며, 깊은 물가에 서면 헤엄치고 싶은 욕망, 침대 곁으로 다가가면 자고 싶은 사랑의 욕망, 내 앞에서 모든 욕망이 무지개처럼 찬연하고 사랑의 옷을 입고 아롱지어 빛나기를 갈망한다.

첫사랑

아! 누가 그 아름다운 날을 가져다 줄 것인가,
첫 사랑의 그날을.

아! 누가 그 아름다운 때를 돌려줄 것인가,
사랑스러운 그때를.

지금 나는 쓸쓸히 상처난 시간을 치료하고 잇다.
끊임없이 찾아오는 한탄과 더불어
잃어버린 행복을 슬퍼하고 있다.

아! 누가 그 아름다운 날을 가져다 줄 것인가
즐거웠던 그 기억을.

| 괴테 |

기쁨은 행복을 표시하는 최상의 방법이다

이미 오래 전부터 나에게는 기쁨이 비애보다 자주 찾아들어서 힘이 들고 더 아름답게 여겨졌다. 이 세상에서 인간이 향유할 수 있는 가장 중요한 것을 발견한 다음부터 기쁨은 나에게 자연의 욕구일 뿐만 아니라 도덕적인 의무까지 향상되었다. 나에게는 그와 같은 관습이 행복을 넓히는 최상의 방법이며, 동시에 스스로가 그 행복의 모습을 표시해야 할 것같이 생각되었다. 그래서 나는 늘 행복하게 되려고 결심했다.

사랑의 숲

우리는 아름다운 것을 생각했습니다.
나란히 길을 걸어가며
우리는 말없이 손을 잡았습니다.
이름 모를 꽃들 사이에서.

우리는 약혼한 사이처럼 걷고 있었습니다.
단 둘이서 풀밭의 초록빛 어둠 속을그 사랑의 열매를
우리는 나누어 가졌습니다.
방황하는 사람들에게 그 다정한 달을.

그리고 우리는 끝내 이끼 위에 쓰러졌습니다.
너무 멀리 떨어져 단둘이 속삭이는
아늑한 숲의 다정한 그늘 밑에서.

하지만 우리는 높은 하늘에서 쏟아지는 빛 속에서
울고 있는 서로를 보았습니다.
오, 다정한 벗, 침묵의 사람이여.

|폴 발레리|

젊음은 깊은 집중의 시기이다

오오, 봄이여! 이 세상에서 겨우 일년 동안 밖에 살지 못하는 일년초들은 그들의 가냘픈 꽃을 더욱 서둘러 피우려 하지 않는가?

인간의 봄 역시 일생을 통해 단 한 번밖에 없다. 그리하여 젊은 날에 누렸던 기쁨의 추억이 새로 찾아오는 행복을 두 번 다시 맞이할 수 없는 것이다.

'젊음은 깊은 집중의 시기이다.'

사랑에게

어느날 나는 그녀의 이름을 백사장에 썼습니다.
그러나 파도가 밀려와 씻어버리고 말았습니다.
나는 또다시 그 이름을 모래 위에 썼으나
다시금 내 수고를 삼켜 버리고 말았습니다.
그녀는 말했습니다.
"헛된 짓을 하지 말아요.
언젠가는 죽을 운명인데,
불멸의 것으로 하지 말아요.
내 자신도 언젠가는 파멸이 되어
모래처럼 남게 되고
내 이름도 씻겨 지워지겠지요!"
나는 그녀에게 말해 주었습니다.
"그렇지 않습니다. 모든 것들은
죽어 흙으로 돌아갈지라도
당신은 빛나는 이름으로 오랫동안 이 지상에 머무를 것입니다.
아아! 설령 죽음이 온 세계를 다스려도
우리의 사랑은 영원한 생명을 얻게 될 것입니다."

| 로제티 |

사랑이란 신성한 현상이다

그날 나를 기쁘게 하여준 것은 사랑과 비슷한 그 무엇이었다. 하지만 사랑은 아니었다. 많은 사람들이 이야기하고 찾는 그러한 사랑도 아니었다. 아름답고 황홀한 감정도 아니었다. 그것은 여자로부터 오는 것도 아니었고, 나의 상념을 거쳐 오는 것도 아니었다. 그저 빛의 반짝임이었다고 말한다면, 그대는 나의 글을 이해하여 주겠는가?

나는 그냥 정원에 앉아 있지만, 태양은 보이지 않았다. 그러나 하늘의 푸른빛이 엷은 물방울이 되어 금방 흘러내릴 듯 대기가 아늑한 빛으로 반짝였다. 이끼 위에는 물방울 같은 불꽃이 보였다. 그렇다. 길 위에 빛이 흐르고 있었다. 그 빛의 흐름 속에 금빛 거품들이 나뭇가지 끝에 알알이 맺히기 시작했다.

사랑이라는 이름

사랑은 늙은 노인만큼이나
단순하고 순진한 것.
어느 봄 날 오래된 참나무 그늘 아래
함께 앉아 있는 것과 같습니다.
사랑은 일곱 개의 강 너머에 머무르는 시인을 찾아
아무 바라는 것 없이 그 앞에 서 있는 모습과 같습니다.
사랑은 당신을
절벽 끝으로 이끌어도 따라가는 것과 같습니다.
사랑에게 있는 날개가 당신에게는 없을지라도
사랑이 없는 삶은 무의미하므로 그를 따라야 합니다.
함정에 빠져 조롱당할지라도
더 높은 곳에서 이를 내려다보며 미소 짓고
머지 않아 봄이
당신의 사랑의 싹을 키우고 춤추기 위해 찾아올 것임을,
멀지 않아 눈부신 가을이
당신의 사랑을 익히기 위해 찾아올 것임을
잊지 않아야 합니다.

|칼릴 지브란|

아름다운 추억도 삶의 잔해에 지나지 않았다

이따금 나는 과거 속에서 한 묶음의 추억을 찾아 젊은날의 이야기를 아름답게 꾸며 보려고 노력해 보지만, 등장하는 인물은 이미 내가 아니며, 다시 태어날 내 모습은 흔적도 없이 사라져 버렸다. 나는 끊임없이 새로운 순간 속에서 등장하는 낯선 인물 같다는 생각에 스스로 놀란다. 때로는 마음을 가다듬고 명상에 잠기는 것은 나에게 있어 불가능한 구속이다. 나는 오랫동안 '고독' 이란 말의 의미를 잊고 있었다. 스스로 마음 속에 홀로 잠겨 있었다는 것은 이미 내 존재가 아무 것도 아니라는 사실을 증명한다. 오직 나는 수많은 분신으로 나뉘어 떠돌고 있을 뿐이다. 그러므로 나는 도처에서 방황하거나 아니면 나의 집에 갇혀 견고한 성을 쌓는 이중의 고통을 겪고 있었다. 그러면 욕망은 나를 가장 궁핍한 자로 몰아세운다. 아무리 아름다운 추억일지라도 나에게는 행복의 잔해에 지나지 않았다. 아주 작은 물방울이라도, 그것이 삶이 가져다준 소중한 눈물방울일지라도 말이다. 그것이 나의 손을 적셔주면 더 귀중한 현실이 되는 아픔으로 성장한다.

사랑의 노래

나의 몸은
사랑의 저녁 노을 속에 타오르는
불꽃입니다.
천둥 번개, 지진이라 할지라도
당신에 대한 나의 열정보다는 뜨겁지 못합니다.

나의 심장은
우리의 사랑을 향한 불꽃입니다.
푸른 하늘과 무지개, 꽃들도
당신에 대한 나의 사랑만큼
아름답지 못합니다.

| 수잔 폴리스 슈츠 |

장미꽃이 자서전을 쓴다면 무엇을 쓸까

불리다여! 가련한 한 떨기 장미꽃. 잎과 꽃으로 가득 찬 따뜻하고 향기로운 너를 보았다. 이미 겨울의 찬 눈이 녹아 형체를 찾을 수 없다. 너의 신성한 정원에는 흰 사원이 신비롭게 빛나고, 넝쿨나무는 꽃그늘 밑으로 휘어지고 등나무가 엮어놓은 화환 속으로 올리브 나무가 자태를 감추고 있었다. 달콤한 공기가 오렌지꽃에서 향기를 몰아오고, 가냘픈 귤나무의 빛깔이 꿈보다 더 고왔다. 추위로부터 해방된 나무들은 높이 솟은 가지에서 낡은 껍질을 떨어뜨리고 있었다. 나무를 감싸고 있던 세월의 껍질이 태양 때문에 필요없게 된 옷처럼 흘러내렸다. 가치 없는 나의 도덕심과 같았다.

사랑은 조용히 천천히 오는 것

사랑은 조용히 천천히 오는것
외로운 여름과
꽃이 시들고
기나긴 세월이 흐를 때

사랑은 조용히 천천히 오는 것.
얼어붙은 물속으로 파고드는
밤하늘의 총총한 별처럼
조용히 내려앉는 눈과 같이

조용히 천천히
땅 속에 뿌리박는 사랑의 열정은
더디고 조용한 것.
내리다가 치솟는 눈처럼
사랑은 살며시 뿌리로 스며드는 것
씨앗은 조용히 싹을 틔운다.
달이 커지듯 천천히.

|G. 벤더 빌트|

사랑은 심한 목마름 깊은 굶주림을 가지고 있다

여러분이 유혹이라고 부르는 부정적인 세계, 내가 유혹이라고 부르는 긍정적인 세계, 지금 우리가 애석하게 여기는 점은 바로 상반된 유혹에 대한 견해다. 오늘 내가 후회하는 일이 있다면 유혹에 몸을 내 맡겼기 때문이 아니라 수없이 많은 유혹에 저항했기 때문이다.

나는 너무나 늦게 유혹에 탐닉한 나머지 삶에 대한 매력을 잃고 약삭빠르게 영리를 쫓아 속임수를 배우기 시작하였을 때, 나는 그것을 맹목적으로 뒤쫓아 갔다.

진정으로 사랑한다는 것은

진정으로
사랑한다는 것은
이별을
눈물로써 대신하는 것이
절대로 아닙니다.

곁에 있던 사람이 먼 길을 떠나는 순간
사랑의 가능성이
모두 사라져 간다 할지라도

그대 가슴 속에 남겨진
그 사랑을 간직하면서
사랑하는 마음을 버리지 않는 것이
진정으로
사랑하는 것입니다.

| E.L 쉴러 |

나의 존재는 공간과 시간이 만나는 지점이다

지금 내가 서 있는 공간의 한 지점, 바로 이 순간에 한 점과 같은 위치를 점령하고 있다. 이때 나의 존재는 공간과 시간이 십자형을 이루고 있는 지점으로 밖에는 생각되지 않는다. 나는 두 팔을 힘껏 벌리며 나는 말한다.

"저쪽이 남쪽이고, 이쪽이 북쪽이라고……"

나는 결과이다. 그러므로 나는 원인이 될 수도 있는 것이다. 결정적인 원인이 될 수도 있다. 두번 다시 있을 수 없는 기회! 나는 존재한다. 그래서 나는 존재 이유를 찾아내고 싶은 것이다. 나는 알고 싶다. 왜 내가 살고 있는가를.

사랑의 전당

순아, 너는 내 전에 언제 들어왔던 것이냐?
내가 언제 네 전에 들어갔던 것이냐?
우리들의 전당은
고풍한 풍습이 어린 사랑의 전당

순아, 암사슴처럼 수정눈을 내려 감아라.
난 사자처럼 엉크린 머리를 고루련다.
우리들의 사랑은 한낱 벙어리였다.
성스런 촛대에 열한 불이 꺼지기 전
순아, 너는 앞문으로 내 달려라.

어둠과 바람이 유리창에 부닥치기 전
나는 영원한 사랑을 안은 채
뒷문으로 멀리 사라지련다.
이제 네게는 삼림 속에 아늑한 호수가 있고
내게는 험준한 산맥이 있다.

| 윤동주 |

사소한 동정과 위안은 행복에 대한 갈증이다

가능한 신뢰와 안락과 기쁨을 가지고 산다는 것은 미래의 나에게 없어서는 안될 행복의 요소이며 욕구가 되었다. 마치 남의 행복을 가지고 나 자신의 행복을 이루려는 헛된 노력을 얼마나 더 계속해야 하는가. 사소한 동정과 작은 위안으로 느껴야 하는 행복은 갈증과 같은 것이었다. 그러나 그 행복마저 나를 해칠 수 있는 증오해야 할 대상으로 여겨졌다. 그것은 다음과 같은 것들이었다. 수줍음, 낙담, 몰이해, 험구, 꾸며낸 과장된 불행, 비현실적인 것에 대한 동경, 당파, 계급, 국민, 종족간의 반목, 자기 자신을 타인으로부터 적이 되게 하는 것, 불화, 긴장, 위협, 거절 등등이다.

사랑의 측량

즐겁고 아름다운 일은 양이 많을수록 좋은 것입니다.
그런데 당신의 사랑은 양이 적을수록 좋은 가봐요.
당신의 사랑은 우리 두 사람의 사이에 있는 것입니다.
사랑의 양을 알려면 당신의 거리를 측량할 수밖에 없습니다.
그래서 당신과 나의 거리가 멀면 사랑의 양이 많고,
거리가 가까우면 사랑의 양이 적을 것입니다.
그런데 적은 사랑은 나를 웃기더니 많은 사랑은 나를 울립니다.

뉘라서 사람이 멀어지면, 사랑도 멀어진다고 하여요.
당신이 가신 뒤로 사랑이 멀어졌으면, 날마다 달마다
나를 울리는 것은 사랑이 아니고 무엇이어요.

| 한용운 |

진정한 삶이란 강물과 같은 모습이다

벗이여, 주위 사람들이 그대에게 추천하는 맹목적인 인생을 받아들이지 말라. 그러나 인생이 보다 아름답게 될 수 있다는 믿음을 버리지 말라. 그대의 인생도 타인의 인생도 행복을 방해하는 어떠한 행위도 하지 말라. 현세에서 미리 내세를 말하는 것이 아니다. 현재의 삶의 괴로움에서 견디어 내도록 우리를 위로해 주고 도와 줄 그러한 내세는 없다. 무의미한 미래를 꿈꾸지 말라. 인생에 있어서 고통의 모든 책임은 신에게 있는 것이 아니라, 인간 자신에게 있다는 것을 알게 된 그날부터, 그대는 고통의 편에 서지 않을 것이다.

그대가 그리워지는 날에는

오늘 나는 당신이 그립습니다.
함께 있지 못해서
그래서 나는
당신과 함께 보냈던 행복한 날들을 떠올리고
당신과 함께 보낼 멋진 날들을 기다리며
오늘 하루를 보냈습니다.

당신의 미소가 그립습니다.
그 미소는 당신이 나를 사랑한다는
미묘하지만 숨길 수 없는
표현인 줄을 나는 알고 있습니다.

말은 안 해도 따스한 위안으로
모든 두려움을 녹여주지요.
그리고 당신의 그 미소는
깊고 진지한 사랑만이 줄 수 있는
행복감과 안도감을 내게 주었습니다.

|삽포|

봄은 겨울이 떠남으로써 소생한다

세상과 인생에 대한 생존 다툼과 우직한 이해가 인류의 불행을 초래하는 원인의 사분의 삼을 차지한다. 인류의 역사는 과거에 대한 집착 때문에 내일의 기쁨을 오늘의 기쁨에 양보하지 않으면 안 된다. 새로운 시대의 물결이 싣고 오는 경이적인 아름다움은 앞에서 달려가는 물결이 비켜주기 때문에 있을 수 있고, 꽃은 결실을 위해 시들 의무가 있고, 열매는 떨어져 죽어야 비로소 새로운 개화를 준비할 수 있다.

봄은 겨울이 사라짐으로써 소생한다는 순환의 혹독한 섭리를 알려고조차 하지 않는 인간의 운명은 슬픈 사건이다.

언제나 서로에게 소중한 의미이기를

그대가 나를 얼마나 생각하는지
그대의 두 눈을 보면 알 수 있습니다.
그대가 나를 사랑하고 있다는 것을
나는 너무나 잘 알고 있습니다.
내 가슴으로 느끼는
다정다감한 감정을 모두 표현하기란
쉽지 않다는 것을 알아주기 바랍니다.

낮이나 밤
일 년 내내 어느 때나
내 마음은 언제나 변함이 없습니다.
앞으로도 또 여러 해가 지난 후에도
우리 두 사람은
언제나 서로에게
지금 만큼의 의미를 지니도록 기도드립시다.

|셰리 도어티|

사랑은 행복의 방사체에 불과하다

나의 눈 속에는 슬픈 광적인 사랑이 빛으로 미소짓고 있다. 순간, 나는 생각에 빠져들었다. 사랑이라는 것은 행복의 방사체에 불과하다고. 그리고 나의 마음은 행복하다는 이유만으로 만인을 위하여 내 자신을 받쳐야 한다는 사명감에 사로잡혔다.

그대를 처음 본 순간

그 깊은 떨림
그 벅찬 깨달음
그토록 익숙하고 가까운 느낌
그대를 처음 본 순간
우리의 모든 것이 시작되었습니다.

지금 그날의 떨림은 생생합니다.
오히려 천 배나 더 깊고
만 배나 더 애틋한 마음이 싹텄습니다.
나는 그대를 영원히 사랑하겠습니다.

내 육체가 세상에 태어나기
그대를 만나기 훨씬 전부터
나는 그대를 사랑하고 있었나 봅니다.
그대를 처음 본 순간 알아버렸습니다.

운명.
우리 두 사람은 하나이며
그 무엇도 우리를 갈라놓을 수는 없습니다.

|칼릴 지브란|

나는 새벽빛으로 영혼을 씻는 순례자다

나는 너희들을 보았다. 동트는 무렵의 흰빛 속에 잠긴 광활한 벌판들이여. 아직은 잠들어 있는 푸른 호수들이여. 나는 너희들의 새벽빛으로 영혼을 씻는다. 신비로운 산들바람이 나의 육체와 영혼까지 어루만져 줄 때마다 미소짓게 하였다는 사실, 나타나엘이여! 이것이 바로 내가 그대에게 지칠 줄을 모르고 이야기하고 싶은 열정이다. 나는 그대에 침묵보다 더 아름다운 열정을 가르쳐 주리라.

만약 내가 그보다 더 빛나는 것들을 깨달을 수 있었다면, 나는 그대에게 틀림없이 전해 주었을 것이다. 하지만 미지의 그 어떤 것도 말하지 않았을 것이다.

그대가 있기에

그대가 있기에
나는 감격했고,
그대가 먼저 행동하였기에
나는 몰랐고,
그대가 먼저 나에게로 다가와서
나는 숨이 막혔고
그대가 내 곁에 있기에
나는 행복했습니다.

함께 있으면
우리는 하나
따로 있으면
우리는 저마다
완전한 존재
이것이 우리의 꿈이게 하고
이것이 우리의 목표가 되게 하였습니다.

|피터 맥 윌리엄스|

인생의 마지막 길 위를 달려간 자는 행복하다

나는 흘러간 시간을 회상한다. 돌바닥을 디디던 맨발. 발코니의 젖은 난간에 이마를 기대어 보라. 달빛을 받은 육체는 벅찬 감정에 무르익은 과일처럼 빛나고 있다.

기다림! 그 시간은 우리를 시들게 한다. 지나치게 익어버린 열매들! 심한 목마름과 피로, 타는 듯한 갈증을 더 이상 참을 수 없게 되었을 때, 우리는 작은 열매를 깨물었다. 물크러지는 열매들! 우리의 입 안을 무료와 같은 짐짐한 맛으로 채워주고 한 순간 넋까지 어지럽혔다. – 아직 젊었을 무렵의 무화과여! 싱싱한 살갗을 깨물어 사랑의 향기가 풍기는 과즙을 더 이상 기다리지 않고 빨아들인다. 그리고 난 다음, 우리들이 괴로운 인생의 마지막 날을 끝마치게 될 그 길 위로 달려간 자들은 행복할 것이다.

그대는 나의 것이 되어

이 세상 그 어떤 여자도 남자에게
그렇게 하진 못했으리라.

사랑하는 그대여,
그대는 사랑 받은 다른 여자와 달리
내 청춘이 한 걸음 한 걸음 앞으로 나아갈 때마다
삶의 아침을 찬란하게 장식해 주었네.
나의 것으로 남아 있기 위하여
이토록 빨리 돌아와 준 그대여.

이 세상 그 어떤 여자도 남자에게
그렇게 하진 못했으리라.

|S. 안젤리|

때로 인간은 심연처럼 어두운 존재이다

생명체의 은밀한 작업, 내면의 태동, 미지의 생명 창조, 난산, 몽롱한 의식, 기대감. 나는 번데기처럼 때로는 선녀처럼 잠을 잤다. 내 안에서 새로운 존재가 형성되어가는 대로 맡겨둔 채 방관하고 있었다. 그 새로운 존재는 이미 나와는 전혀 다른 개채였다. 모든 빛이 초록빛 물 속을 거쳐오듯이 나무 잎사귀와 가지를 지나 나에게 때로는 빨리, 얼마 동안은 천천히 다가오고 스며들었다. 술취함이나 심한 현기증과도 흡사한 몽롱하고 무기력한 자각. '아아! 나를 잊게 하는 발작, 어떻한 질병이든간에 격심한 고통이라도 어서 와 주렴.' 하고 나는 애원하였다.

그리고 나의 머리 속은 온통 무거운 구름이 뒤엉킨 뇌우로 가득 찬 하늘과도 같았다. 숨 쉬기조차 어려운 진공 상태에서 모든 것이 불안스러운 표정을 감추자, 울적하게 창공을 뒤덮어 가리고 있는 그 침침한 가죽 물자루를 찢기 위해서 번개불을 기다리고 있었다.

그대가 있다는 이유만으로도

그대가 이 세상에 있다는 이유만으로도
내 눈에 비친 세상은 더없이 아름답습니다.

그대와 함께 이 세상을 살아가는 나는
살아있다는 것만으로도 행복합니다.

어느날 세상이 무너져 버린다 해도
그대가 있다면 나는 아무 상관도 없습니다.

그대는 이 세상에 존재하는 또다른 나의 세상
그대의 마음 속은 내가 다시 태어나고 싶은 곳입니다.

그대가 존재한다는 것은 내가 살아가야 할 이유입니다.
그대와 함께 이 세상을 살아간다는 이유는
영원히 내가 그대를 사랑해야 할 이유입니다.

| T. 제프린 |

삶에 지름길 따위는 없다

종족을 이어가는 동물 중에서 유일하게 인간은 스스로 행복을 추구하는 존재로 자신의 삶을 높이기 위해 극단적인 수단으로 타인을 해치고 짓밟음으로써 쟁취하지만, 인류의 장래를 위해서는 용납될 수 없는 행위다. 그러므로 나는 인간이 이 지상에서 생명을 이어가면서 우주의 조화로부터 받는 행복을 체념해야 한다는 사실도 받아들일 수 없다.

사랑하는 사람이여

사랑하는 사람이여.
우리는 서로에게 다정하게 대해야 합니다.
오랜 세월 바람으로 떠돌던 별들처럼
깊은 외로움의 심연에서
우리는 서로에게 따뜻한 마음을 보내야 합니다.

하지만 사랑의 감미롭고 숭고한 말들을
함부로 말해서는 안 됩니다.
피할 수 없는 슬픔을 품고 떠도는 바람으로 하여
수많은 가슴들이 상처를 입어서는 안 됩니다.

마치 오랜 숲길을 헤메이는 안개처럼
세상의 모든 일이 불확실하므로
우리가 알 수 있는 것은 아무 것도 없습니다.
오직 바람만이 그 비밀을 말할 수 있습니다.
사랑하는 사람이여.
우리는 외로운 존재입니다.

|R 노스트|

꽃이 되어 나는 다시 태어날 것이다

밑바닥이 평편한 배. 회색으로 낮게 드리운 하늘은 이따금 훈훈한 빗방울로 변하여 내리고, 물 속에서 자란 수초들의 흙탕 머금은 비릿한 내음, 얼크러진 줄기의 여린 흔들림, 솟아오르는 푸른 샘도 깊은 물 때문에 자취를 볼 수 없다. 아무 소리도 들리지 않는다. 이 황량한 평원 속에서, 너무나 자연스런 호수의 모습 때문에 물결이 파피루스 나무들 사이로 마치 피어오른 꽃처럼 넘실거린다. 아직 불타고 있는 것도 머지않아 사라져 갈 것이다. 그러면 나는 꽃이 되어 다시 태어날 것이다.

내 사랑을 멈출 수 없습니다

그대를 사랑하는 마음
멈출 수 없습니다.
그래서 추억으로
간직하기로 마음먹었습니다.

그대를 원하는 마음
멈출 수 없습니다.
그래서 어제의 꿈속에서
살기로 마음먹었습니다.

비록 오래 전의 일이지만
우리의 행복했던 시절은
아직도 나를 우울하게 합니다.

세월이 흐르면
마음의 상처도 지워진다지만
우리가 이별한 순간부터 시간은 흐르지 않고
그대로 고여 있습니다.

|C.시데스|

나는 끊임없이 해후를 기다리는
외로운 그림자였다

날마다 내가 방황한 이유는 자연 속으로의 침투였다. 나 자신에게 속박되지 않는다는 우월감은 스스로를 이단자로 내몰았다. 늘 과거의 추억은 내 삶의 단일성을 증명해 주는데 불과했다. 지난날 연인이었던 데에제를 과거의 사랑에 연결시키고 있었으나 그녀에 대한 그리움은 새로운 풍경처럼 다가와 신비로운 노끈과 같이 인연으로 매어 놓았다. 사실은 그 인연의 노끈도 끊어지지 않을 수 없었지만. 황홀한 재생! 이제 나는 이른 아침 길을 걸으며 새로운 생명감, 어린아이와 같은 순진한 마음으로 하루의 시작을 맛 보는 것이다.

어떻게 사랑이 너에게로 왔는가

어떻게 사랑이 너에게로 왔는가
밝은 햇빛처럼, 찬란한 꽃잎처럼
아니면 간절한 기도처럼 왔는가.

행복이 반짝이며
하늘에서 몰려와 날개를 접고
꽃피는 내 가슴에 사뿐히 온 것을.

하얀 국화꽃이 핀 어느날
그 집의 아름다움이 불안감을 주면서
늦은 밤에 그러면서 조용히
너는 나에게로 왔다.

나는 끝까지 불안하였고, 하지만 꿈속에서
너를 찾아 헤메이고 있었다.
네가 나에게로 오고 난 이후부터
먼 이국의 동화에서처럼
밤은 계속 깊어 갔다.

| 릴케 |

사랑은 심한 목마름이다

나는 피곤에 감기는 눈까풀을 시원하게 적셔줄 맑은 샘터를 알고 있다. 성스러운 숲 ,나는 그 길을 알고 있다, 그곳 나무잎을, 수목들의 깊은 서늘함을. 나는 가리라, 저녁 무렵, 모든 것들이 침묵을 지켜줄 때. 그리고 미풍의 애무가 사랑보다도 잠으로 이끌어줄 때. 밤이 포근한 나래를 펴자 눈을 뜨는 싸늘한 샘의 의미를.

이윽고 아침이 밝아오자 파르르 떨며 내 모습이 비치는 얼음 같은 물. 순결의 샘. 내가 그곳으로 뜨거운 열정의 눈꺼풀을 씻으러 달려가면 여린 새벽빛이 맞아준다.

누군가를 사랑한다는 것은

누군가를 사랑한다는 것은
상처와 아픔을 느끼고도 그 마음을 극복한 뒤
모두 잊을 수 있다는 것을 의미합니다.
누군가를 사랑한다는 것은
상대방이 완벽하지 않다는 것을 깨닫는 것
단점이 눈에 보여도
내가 사랑하고 좋아하는 부분만 바라보며
있는 그대로의 그 사람을 기쁘게 받아들일 수 있어야 합니다.
누군가를 사랑한다는 것은
가슴이 아플 때까지 끊임없이 주는 것
두 사람이 나누어 가질 수 있는
가장 위대한 선물은 믿음과 이해입니다.
그것은 사랑으로부터 생겨나지요.
사랑은 자신의 전부를 주고서도
보답으로 조용히 돌아오는 미소 하나면
족하다고 생각하는 것이랍니다.

| M. 리치스 |

사랑을 하면 하늘이 되고 별이 되고 부서지는 바람이 된다

어느 이른 여름철에 내리던 비가 기억에 떠오른다. - 과연 그것이 비였을까? 종려나무가 초록빛으로 아롱진 정원에 무겁게 떨어지던 미지근한 물방울. 너무도 거세게 쏟아져서 잎이며 꽃, 가지들이 마치 사랑의 선물로 바쳐진 화환이 풀어져서 수북이 쌓였다가 물 위에 흩어지는 것처럼 사방으로 휘날리며 떨어졌다. 재빨리 시냇물은 먼 곳으로 번식시키기 위해 꽃가루를 실어갔다. 억세게 쏟아지는 비에 물은 노랗게 변색되어 못 속의 물고기들은 숨이 벅찬 듯 허덕이고, 잉어들이 수면으로 떠올라 입을 열고 가쁘게 물아쉬는 소리가 들려왔다.

사랑은 두 사람의 역사입니다

사랑에는 시간이 필요합니다.
서로의 마음을 주고 받으며 울고 웃는
역사가 필요합니다.
사랑에는 간절한 애정을 표현하며
적극적으로 귀 기울어주는
이해의 마음이 중요합니다.
사랑하는 사람의 행복과 위안과
편안함을 위한 일이라면
무엇이든 받아들이고
행동할 수 있어야 합니다.
그래서 때로 사랑은 아프고 슬픕니다.
가끔은 의견 충돌 다툼이 있고
괴로운 감정도 존재한다는 것을
깨닫고 받아들이는 것이 사랑입니다.
때로는 서로 멀어져 서먹할 때도 있지만
사랑은 그 사람을 믿고
모든 것을 인내하는 약속의 역사입니다.

|바브 업햄|

사랑은 내 속에 있으면서 내 것이 아니었다

언덕들이 모여서 쉬고 있는 고원지대, 날마다 낮이 숨을 죽이는 석양, 배들이 밀려드는 바닷가, 우리들의 사랑이 잠자러 오는 밤, 밤은 넓은 항만처럼 우리들에게로 오리라. 한낮의 지친 상념도, 광선도, 우울한 새들까지 거리에 모두 모여 쉬리라.
어두운 그늘의 표정, 고요해지는 수림 속 목장의 잔잔한 물, 수풀 우거진 샘. 그리고 기나 긴 여행에서 돌아오는 귀향, 반짝거리는 해변의 작은 반란, 정박해 있는 낯선 배들. 우리들은 보리라, 가라앉은 물결 위에 방랑하던 닻을 내린 배가 잠들어 있는 풍경을. 우리들에게로 온 밤이, 정적과 우정의, 넓은 항만처럼 펼쳐 놓는 노력을. 이제는 바야흐로 모든 것이 잠드는 시간이다.

사랑만이 희망입니다

삶이 어려운 세상일수록
사랑만이 희망일 때가 있습니다.

새들은 하늘에 검은 구름이 드리우면
더욱 세찬 날개짓을 합니다.
꽃은 날이 어두워지면 마지막 고개를 들지요.

마지막 순간에 하늘을 향하는 꽃처럼
검은 구름 속에서 더 높이 나르는 새들처럼
우리는 서로를 사랑함에 최선을 다해야 합니다.

때로는 사랑만이
진정한 희망일 때가 있습니다.

| V.드보라 |

삶은 물이 가득 찬 유리잔과 같다

우리의 삶은 우리들 앞에 놓여 있는 물이 가득 찬 유리잔과 같다. 열병을 앓는 환자가 손에 들고 마시고 싶어하는 그 젖은 유리잔 말이다. 그는 단숨에 마셔 버린다. 열병을 치유하기 위해서 기다려야 한다는 사실을 뻔히 알면서도 그 감미로운 유리잔을 입에서 떼어버릴 수가 없는 것이다. 그토록 물은 잠시 시원하지만, 그러나 계속되는 열은 안타깝게 목을 태울 뿐이다.

사랑하는 남자

따듯한 밤, 지금 너의 친구는 잠을 이루지 못하고 있다.
아직도 따스한 너의 체온, 눈길, 머리와 입맞춤에 벅차 있다.
오, 한밤이여.
달이여, 별이여, 파란 안개여, 연인이여!
너의 내부로 나의 꿈이 찾아간다.
마치 바다와 산과 계곡을 찾아가듯이 앞은 내면으로
태양도, 뿌리도, 동물도, 모두 네 곁으로
너 가까이에 있는 곳으로
부서지는 물결이 되고, 거품이 되어 흩어진다.
멀리 토성과 달이 돌고 있어도
나에게는 보이지 않는다.
너의 얼굴이 파리한 꽃 속에 보일 뿐이다.
그리고 나는 미소를 짓고 취해서 눈물을 흘린다.
이제는 행복도, 괴로움도 잊은 채
너와 나는 깊은 우주 속에, 바다 속에 가라앉아 있다.
거기서 우리들은 사라지고
다시 태어난다.

| 헤르만 헤세 |

행복은 빌릴 수도 훔칠 수도 없다

내가 잠시 동안 행복을 얻을 수 있었던 것은 나의 신변에 일어난 사건들의 덕택이었다고 말하고 싶지 않다. 크고 작은 사건들이 나에게 유리하긴 하였지만, 나는 그것을 이용하지는 않았다. 나의 행복이 어떤 힘에 의해 이루어진 것이라고도 믿지 않았다. 지상에 아무런 집착도 갖지 않은 나의 마음은 항상 가난하였다. 그러므로 죽음에 대한 두려움도 없다. 나의 행복은 열정으로 이루어진 것이다. 차별없이 모든 것을 열렬하게 사랑하였을 뿐이다.

나를 생각하세요

창문 앞에 드리운 나팔꽃의 흔들림을 보고
지나가는 바람의 한숨이라고 생각한다면
그 푸른 잎사귀 아래
내가 숨어서 한숨 짓는다고 생각하세요.

당신의 등 뒤에서 작은 소리가 들리고
멀리서 누군가 부른다고 돌아보고 싶다면
좇아오는 그림자 속에
내가 숨어서 부르는 걸로 생각하세요.

깊은 밤에 이상하게도 가슴이 설레이고
입술에 불타는 입김을 느끼신다면
눈에 보이지 않아도 당신의 바로 곁에
내 입김이 서린다고 생각하세요.

| A. 베게르 |

불행이란 불가능한 일을
하고 있다는 증거다

여름철의 게으른 낮잠을 맛 보았다.- 한낮의 짧은 잠-이른 아침부터 시작한 일을 끝마치자마자 쓰러져 자는 잠. 그 잠 속에는 여백이 없다.

여름 한낮인 두 시 - 더위 속에 잠든 어린이들. 숨막힐 듯한 경적. 음악이 흐르지 않는 농촌의 무표정, 찌든 커튼 냄새. 히아신스와 튜울립이 있는 마당. 널려 있는 빨래들의 지친 환호성. 오후 다섯 시- 땀에 젖어 눈을 뜨면 두근거리는 심장과 가벼운 두뇌, 후련한 육체, 시원스럽게 밀려드는 것 같은 느낌. 기울어 가는 태양, 눈앞에 전개되는 저녁의 꽃들. 미지근한 물로 세수를 한 다음에 등불을 준비해 놓고 다시 일을 시작한다.

그대는 한 송이 꽃처럼

그대는 한 송이 꽃처럼
귀엽고 맑고 아름다워라.
내 그대를 바라보고 있노라면
슬픔은 저절로 가슴 속에 스미고

그대의 머리 위에 내 손을 얹어
빌고 싶은 마음이 간절하여라.
하나님이 그대를 도와주기를
맑고 귀엽고 아름다운 그대를.

| 하이네 |

사랑은 창조적이지만 미움은 파괴적이다

시간이 거슬러 갈 수 있는 것이라면, 과거가 돌아올 수 있는 것이라면, 나타나엘이여! 나는 그대와 함께 가고 싶다. 젊은날 사랑의 아름다움을 찾아 생명이 꿀처럼 흘러들던 그렇게도 많은 행복을 맛본 것으로 내 영혼은 위로 받을 수 있을 것인가? 내가 그 사랑의 정원에, 다른 사람 아닌 내가 그곳에 머물러 젊음의 나날을 보내고 있었던 것이다. 그때 나는 갈대들의 노래를 들으며 꽃의 향기를 홀로 즐겼다. 또 나는 어린 영혼을 초대하기도 했다. – 물론 그러한 것들은 새 봄이 찾아올 때마다 벌어지는 향연과 똑같은 유희였다. 그 때의 나, 그 타인, 다시 한번 그 사람이 되어볼 수 있을 것인가?

리라꽃 던지고

P양
몇 차례나 뜨거운 편지 받았습니다.

어쩔 줄 모르는 충격에
외로와지기만 합니다.

양이 보내주신 사진은, 얼굴은
오월의 아침 아카시아꽃 청초로
침울한 내 병실에 구원의 마스코트로 반겨줍니다.

눈물처럼 아름다운 양의 청정무구한 사랑이
회색에 포기한 나의 사랑의 창문을 열었습니다.

그러나 의학을 전공하는 양에게
이 너무나도 또렷한 문둥이 병리학은
모두가 부조리한 것 같고
이 세상에서는 안될 일이라 하겠습니다.

기다림은 욕망의 굶주림이다

나타나엘이여!

그대에게 기다림에 대해서 길고 먼 이야기를 해주고 싶다. 나는 보았다. 여름 벌판이 끊임없이 기다리는 모습을. 조금이라도 비가 내리기를 기다리는 마음을. 길 위의 먼지는 너무나도 가벼워서 바람이 일 때마다 뽀얗게 날렸다. 그것은 이미 욕망이라기보다는 차라리 조바심이었다.

땅은 더 많은 수분을 빨아들이려는 듯이 말라 터지고, 들판의 꽃향기는 더 이상 견디기 어렵다는 지친 모습이다. 이제 생명을 가진 모든 것이 불타고 있는 태양 아래서 넋을 잃고 있었다. 바야흐로 화분을 지닌 송백과 식물은 더 이상 견딜 수 없다는 듯 번식을 위해 작은 씨앗을 멀리 퍼뜨리려고 가지를 힘껏 흔들고 있는 때였다.

그러자 하늘에는 비 구름이 몰려들고 숲과 나무, 산과 바위는 뭔가를 끊임없이 기다리고 있었다. 온갖 새들조차도 소리를 죽이는 엄숙한 순간 메마른 땅으로부터 흙바람이 불어오면서 모든 것을 무너뜨리려는 기세였다. 송백류 화분에서 황금 연기처럼 꽃가루가 쏟아졌다. 그러자 비가 내리기 시작했다.

P양
울음이 터집니다.
앞을 바라볼 수 없는 이 사랑을 아끼는
울음을 곱게 그칩시다.

그리고 차라리 아름답게록
덧 없는 노래를 엮으며

마음이 가도록 그 노래를
눈물 삼키며 부릅시다.

G선의 엘리지가 비탄하는
덧없는 노래를 다시 엮으며

이별이 괴로운 대로
리라꽃 던지고 노래 부릅시다.

|한하운|

사랑이 주는 만족보다는 사랑의 무한함을 더 사랑한다

나이를 먹어감에 따라 정욕의 감퇴를, 일상생활에서의 권태감을 느꼈다는 것보다 탐욕에 가득 찬 나의 입술에서 너무도 빨리 쾌락이 사라져 버림을 애석하게 생각하였다.

대로는 나에게 주어지는 이익을 추구하는 만큼 가치가 없는 것처럼 여겨져서 갈증을 멈추기 보다 갈증 그 자체를, 쾌락보다는 그 예감을, 애정의 만족보다는 애정의 무한한 확대를 더 좋아하게 되었다.

카스타에게

네 한숨은 꽃잎의 한숨
네 소리는 백조의 노래
네 눈빛은 태양의 빛남
네 살결은 장미의 살갗
사랑을 버린 내 마음에
너는 생명과 희망을 주었고
사막에 자라는 꽃송이 같이
내 생명의 광야에 살고 있는
너.

|베케르|

그대가 바로 삶의 목적지인 것이다

하루 하루가 계속되고 우리의 삶을 위해 또다른 날들이 이어진다. 수많은 아침과 저녁이 반복된다. 혼수 상태에서 벗어나지 못한 채 새벽이 되기도 전에 일어나야 하는 아침이 있다.

오! 가을의 잿빛 아침.

내 영혼은 휴식도 없이 지칠대로 지쳐 잠에서 깨어나면 열병을 앓는 사람처럼 더 깊은 잠을 원하면서 죽음의 순간을 느낀다.

내일 나는 추위에 떨고 있는 이 전원을 떠날 것이다. 지금 갈색 풀에는 찬 서리가 가득하다.

찻집의 소녀

그 찻집의 소녀는
예전만큼은 예쁘지 않아요.

팔월이 그녀를 힘들게 했지만
예전만큼 층계를 열심히 오르지도 않아요.

이제 그녀 또한 중년이 되었겠지요.
우리에게 과자를 날라줄 때
풍겨주던 청춘의 빛도

이젠 더 이상 볼 수 없겠지요.
그녀 또한 중년이 되었겠지요.

| 에즈라 파운드 |

욕망은 채워지는 법이 없다

욕망에는 이득이 있고, 그 욕망의 만족에도 이득이 있는 법이다. 왜냐 하면 욕망에는 증가되는 힘이 있기 때문이다. 진실로 그대에게 말하거니와, 나타나엘이여! 욕망의 대상을 가진다는 것은 언제나 허망한 소유보다도 나를 풍부하게 하여 주었노라고 고백한다.

'욕망은 채워지는 법이 없다. 그것은 목표를 달성할 수 없기 때문이다.'

소녀들에게 주는 충고

너희가 있는 동안에 장미꽃 봉오리를 모아라.
시간은 끊임없이 지나가고
미소 짓는 바로 이 꽃도
내일이면 지고 말 것이다.

하늘의 찬연한 등불인 저 태양이
높이 오르면 오를수록
그만큼 더 빨리 뜀박질은 끝나고
일몰에 더 가까와지거든.

젊음과 열정의 피가 가장 뜨거운
인생의 첫 시절이 아름답지만
그것이 사라지면 어두운 시절이 뒤따를 것이다.

그러므로 머뭇거리지 말고 시간을 활용하라.
그리고 젊음이 있는 동안에 동반자를 찾아야 한다.
청춘을 한 번 보내버리면
너희는 영원히 기다려야 한다.

|네르발|

흰 눈이 생명을 얻기 위해서는 녹아야만 한다

몹시 추운 어느 날, 눈 속에서 주웠던 붉은 열매를 나는 기억하고 있다. 그때 "나는 눈을 좋아하지 않는다." 고 로테르가 속삭였다. 눈은 흰빛 만큼이나 신비로우며 땅 위에 내리자마자 자신을 단념하는 대지에 어울리지 못하는 이방인과 같은 물질이다. 풍경을 가두어 버리는 그 흰 빛이 외로움 보다 더 밉다. 또한 너무나 차서 생명까지 거부한다. 흰 눈이 생명을 잉태하여 자연의 삶을 보호하여 준다는 계절의 순환을 알지만, 그러나 생명은 눈이 녹아야만 살아 남을 수 있다. 나는 눈이 잿빛으로 반쯤 녹아서 풀과 나무에 물의 모습으로 다가갔으면 한다.

당신이 날 사랑한다면

당신이 나를 사랑한다면
오직 사랑을 위해서만 사랑해야 합니다.
하지만 미소 때문에, 아름다운 미소 때문에
다정한 말씨 때문에 재치 있는 생각 때문에
황홀한 즐거움 때문에 그 여인을 사랑했다는 말은 하지 마세요.
이런 것들은 그 모습이 변하거나
당신을 위해 자주 변합니다.
그처럼 쉬운 사랑은 언제 어디서나 쉽게 떠나버립니다.

내 얼굴의 젖은 눈물을 닦아 주는
사랑어린 여인 같은 마음으로
나를 사랑해서는 안 됩니다.
당신의 위안을 받은 사랑은 슬픔을 잊게 되지만
그것으로 하여 당신의 사랑을 잃게 될지도 모릅니다.

지금은 사랑을 위해서만 날 사랑하시면 됩니다.
언제까지나 변함없이 사랑의 진심과 영원을 향하여
당신은 끝없는 사랑을 가지시면 됩니다.

| 브라우닝 |

행복하게 되기 위해서는 그 어떤 것도 필요하지 않다

행복해질 이유가 없다고 생각한 순간부터 내 마음 속에 행복이 깃들기 시작하였다. 그렇다, 행복하게 되기 위해서는 아무 것도 필요로 하지 않는다는 것을 확신한 다음부터였다. 이기주의에 곡괭이를 한 번 내리찍어 보자. 바로 나의 심장에서 걷잡을 수 없는 희열이 쏟아져 모든 사람들에게 분배하여 줄 수 있을 것 같았다. 비로소 나는 가장 훌륭한 인생의 가르침은 실의를 제시하는 데 있다는 교훈을 깨달았다. 그래서 나는 행복을 천직이라고 확신하게 되었다.

성냥개비 같은 사랑

고요한 어둠이 내리는 시간
성냥개비 세 개에
하나씩
불을 붙인다.

첫째 개피는 너의 얼굴을 얻기 위해
둘째 개피는 너의 두 눈을 얻기 위해
마지막 개피는 너의 입을 보기 위해

그리고 불이 꺼지면
찾아온 깊은 어둠 속에

너를 내 품에 안고
그 모든 것을 기억하기 위해

|자크 플로베르|

일상생활이란 다른 사람과 함께 사랑하는 것을 말한다

바다와 태양을 향한 작은 초록색 이발소. 뜨거운 둑길. 들어서자마자 쳐들어 올리는 발. 몸을 맡겨버리 듯이 걸터앉는다. 이런 방심한 상태가 오래도록 계속될 수 있을까? 죽음 같은 평온. 이마에 흐르는 땀. 뺨 위에서 싸늘한 느낌을 주는 비누거품. 수염을 깎자 다시 능란한 솜씨로 면도질을 하더니, 이번에는 피부를 부드럽게 하기 위해 더운 물에 적신 조각 낸 작은 해면으로 어루만지 듯 입술을 닦는다. 그리고는 향기롭고 산뜻한 물로 긴장된 피부를 씻어낸다. 그 다음에는 향유로 마무리한다. 나는 움직이는 것이 싫어서 머리를 깎게 내버려 둔다. 이것이 일상의 모습니다.

두려워해서는 안 됩니다

두려워해서는 안 됩니다.
조건 없는 사랑에 빠지는 것을.
사랑이란 언제나 가슴이 벅차고
아름답게 피어나는 감동입니다.

두려워해서는 안 됩니다.
자칫 아픈 상처를 입는다 해도
그 사람이 당신을
당신만큼 사랑하지 않는다 해도.

당신의 모든 일은 늘 확실치 않고
사랑의 대가는 크지 않습니다.
하지만 사랑에 완전히 빠져들어야 합니다.
정직하게 빠져들어야 합니다.
그렇다면 즐거운 마음으로 기다려야 합니다.
믿어야 합니다.
당신에게 일어나는 모든 일이
진정한 행복의 근원이라고
하나뿐이 행복의 시작이라고.

|수잔 슈츠|

밝음과 어둠은 차이가 없다

나는 모든 존재를 빛을 받아들이는 능력에 따라 판단할 줄 알게 되었다. 낮에 햇빛을 받아들인 어떤 것은 밤이 되면 빛의 세포처럼 느껴졌다.

한낮에 벌판 한가운데를 흐르는 물이 멀리 불투명한 바위 밑으로 흘러들면 수북히 쌓인 금빛 보물처럼 눈을 어지럽혔다. 신기한 물풀같은 것을 물에서 꺼내면 졸지에 빛을 잃어버리는 어둠이었다.

사랑이 남긴 것들

죽음만큼 강했던 사랑이 종말을 고했다.
시드는 꽃 속에
사랑이 누울 자리를 만들자.
머리 맡에는 푸른 잔디밭
발 옆에 돌 하나를 놓아
고요히 저무는 저녁 무렵
우리 그곳에 앉아 삶의 위안을 받자.
사랑은 봄에 태어나
가을이 오자 떠나버렸다.
마지막 뜨거웠던 여름날
사랑은 마지막 인사를 나누었다.
차가운 가을 황혼에
사랑은 더 이상 머무르려 하지 않았다.
우리 사랑의 무덤가에 앉아
떠나간 사랑을 노래하자.

|로제티|

나의 내면은 봄 같은 메아리로 넘쳐난다

나는 마음 속에 깃들어 있는 과묵, 수치심, 조심성, 쾌락에 두려움을 느끼면서, 한편으로 육욕에 탐닉하여 만족감을 얻고 난 뒤에 불안하게 떨고 있는 영혼을 희한으로 끌어가는 감정의 찌꺼기를 걸러 낼 수 없었다. 나의 내면은 생동의 봄으로 가득 차 있어서 인생 행로의 빛과 그림자, 생활의 풍요로움과 궁핍, 그것이 청춘의 메아리처럼 느껴졌다. 나는 예감할 수 없는 벅찬 감동에 불타오르고 있었기 때문에 뜨거운 열정을 다른 사람에게 전해 주고 싶은 갈망은 마치 담뱃불을 남에게 건네 줄 때의 작은 만족감 같은 느낌이 주는 행복이라고 말하고 싶다.

내가 너를 사랑하고 있는 지

내가 너를 사랑하고 있는 지
나는 모른다.
단 한번이라도 너의 얼굴을 보기만 하면
내 마음 괴로움의 흔적이 사라진다.
얼마나 즐거운 기분인가는 하느님만이 알 뿐이다.

내가 너를 사랑하고 있는 지
나는 모른다.
하지만 누군가는 이렇게 말한다
"기쁨은 슬픔보다 위대한 것" 이라고
또 누군가는 이렇게 말한다.
"아니다. 슬픔이야말로 위대한 것." 이라고

하지만 나는 말하고 싶다.
이 둘은 결코 떨어질 수 없으며
이 둘은 함께 오는 것이라고.
그 중의 하나가 홀로
너의 식탁 곁에 앉을 때 잊어서는 안 된다.

| 괴테 |

자연 속에서의 인간은
잠시 비칠 정도의 존재다

사람들은 나의 에고이즘을 비난하였다. 이에 맞서 나는 그들의 어리석음을 힐난하며 남자이건 여자이건, 어느 한 사람을 사랑하는 것이 아니라, 우정 · 애정 · 연정을 사랑하는 것이라고 역설하였다. 한 사람에게 줌으로써 다른 사람으로부터 빼앗는 결과가 될까봐 나 자신을 빌려주었을 뿐이다. 한 사람의 육체와 마음을 독점하고 싶지 않았기 때문이다. 자연에 대해 그랬던 것처럼 사랑의 길을 따라 유랑을 계속하며 아무 곳에나 걸음을 멈추지 않았다. 모든 사람이 나에게서 머물러 있고 싶어하였으나 나는 아무에게도 나 자신을 주지 않았다.

사랑이란 가혹한 것

한 송이 꽃을 심고
밭을 통째로 뿌리를 뽑아버리는 사랑.
하루 동안 우리들을 되살려 놓았다가는
영원히 정신을 잃게 만드는
사랑이란 얼마나 가혹한 것인가.

사랑은
빛의 종이 위에
빛의 손길로 쓰여진
빛의 언어입니다.

| 칼릴 지브란 |

자연은 계절에 고민하지 않는다

저녁이면 하루 종일 고대하였던 것 만큼이나 시원하고 황홀한 오아시스가 기다리고 있었다. 태양에 짓눌린 광막한 모래 위에 찾아오는 무한한 졸음처럼 – 그렇게 더위는 심하였다 – 하지만 대기의 진동 속에서 나는 생의 약동을 느꼈다. 잠들지 못하고 지평선 위에서 쓰러질까 떨며, 나의 발 밑에서 사랑으로 부풀어 오르고 있던 생명의 약동을 예감했다.

그리하여 나는 모든 방향으로부터 무엇이건 다 맞아들였다. 나의 영혼은 네 갈래 길 위에 개방된 주막과도 같았다. 안으로 들어오고 싶어하는 것은 무엇이나 들어올 수 있었다.

나는 유순하고 상냥하게 마음을 열어 놓고 개인적인 생각을 하나도 갖지 않는 주의 깊은 청취자가 되었다.

나는 생각한다

나는 생각한다. 키스와 침대
빵을 나누는 사랑을.

영원한 것이기도 하고
덧없는 것이기도 한 사랑을,

다시금 사랑하기 위하여
자유를 원하는 사랑을.

찾아오는 멋진 사랑을
떠나가는 멋진 사랑을.

| 네루다 |

나라는 존재는 머리 속의
작은 거품에 불과하다

이 세상에서 자연에 참여하지 않는 것이란 없다. 거기에서 벗어날 수도 없다. 모든 것을 총괄하는 물리의 법칙. 어둠 속을 달리는 열차. 아침이 되면 열차는 이슬로 뒤덮힌다.

나는 보았다. 비스듬한 아침 햇살을 받아 조금씩 꿈틀거리는 산들이 장미빛을 띠며 마치 여린 불에 타고 있는 물질처럼 되어가는 모습을.

당신을 만나기 전에는 몰랐어요

누군가를 사랑하는 마음이
그렇게도 큰 기쁜 느낌이라는 것을
당신을 만나기 전에는 몰랐어요.
그토록 자연스러운 대화와
그토록 변함 없는 위안과
그토록 완전한 믿음을
내가 경험하게 되리라고는
당신을 만나기 전에는 몰랐어요.

나 자신을 낮춤으로써
그토록 많은 것을 되돌려 받으리라고는
당신을 만나기 전에는 몰랐어요.
무엇보다도 놀라운 것은
내가 사랑한다는 말을 할 수 있으리라고는
또 당신께 그말을 전할 때
그 말의 뜻이 그토록 깊고 넓으리라고는
당신을 만나기 전에는 몰랐어요.

|핀|

사람은 서로를 알지 못한다
모두가 혼자이기 때문이다

홀로, 나는 자부심에 벅찬 기쁨을 맛보았다. 새벽이 밝아오기 전에 일어나는 것을 즐겼다. 밀밭 위로 치솟아오르며 태양을 부르는 종달새의 노래는 환상곡이었으며, 이슬은 새벽을 단장하는 화장수였다. 너무나 간결한 아침 식사에 만족한 결과 먹는 양이 너무 적었기 때문에 머리는 가벼워서 모든 감각이 일종의 도취였다. 그 뒤에 나는 많은 양의 포도주를 마신 탓으로 단식이 가져다준 가벼운 현기증으로 하여 태양이 떠오른 다음 낟가리 사이에서 잠들기 전에 환히 밝은 아침 광야의 풋풋함을 느낄 수 없었다.

너의 그 말 한 마디에

너의 해맑은 눈을 조용히 들여다 보면
나의 온갖 고뇌가 사라져 버린다.
너의 고운 입술에 입을 맞추면
나의 영혼이 잠자듯 되살아난다.

따스한 너의 가슴에 몸을 기대면
마치 천국에 온 것 같은 느낌
"당신을 사랑해요."
너의 그 말 한 마디에
한없이 한없이
눈물이 마음 속 깊이 흘러내린다.

|하이네|

나는 불행을 삶의 수행이라고 생각한다

이제 나는 깨닫게 되었다. 한여름의 무더운 대기로 하여 발생된 물방울들이 저마다 가치가 있다는 사실을. 가장 작은 물방울일지라도 우리를 감동시키기에 충분하며, 우리에게 신의 모습과 총체를 계시해 준다는 사실을. 나는 생의 모든 형태를 부러워하고 자랑하고 싶었다. 다른 사람이 하는 일을 보면 무엇이나 따라서 하고 싶었다. 남이 이룩해 놓으면 나도 그것을 이루어 놓고 싶었던 것이다. 나는 늘 피로했으나 별로 고통을 두려워하지 않았다. 그것을 생의 수행이라고 믿었기 때문이다.

내 작은 사랑은

내 작은 사랑은
장미꽃과 은방울꽃
그리고 접시꽃도 피어나는
아름다운 정원 안에 있습니다.

아름다운 정원은 즐겁고
온갖 꽃이 다 모여 있습니다.
그것을 연인처럼
내가 밤낮으로 지킵니다.

새벽마다 슬프게
노래하는 나이팅게일의
달콤한 꿈을 보기도 합니다.
울다 지치면 새는 휴식의 꿈을 갖지요.

| 도를레앙 |

밤은 여명을 준비하는 기다림이다

달이 떡갈나무 사이로 모습을 보였다. 단조롭지만 어느 때와 다름없이 아름다운 달. 그러는 동안 세상 사람들은 무리를 지어 달콤한 이야기를 서로 주고받지만, 나에게는 두서 없는 말로 어렴풋이 들려올 뿐이다. 모두들 자기의 사랑 이야기를 열렬하게 떠들고 있지만, 과연 진심으로 들어주는 사람이 있는지 생각해 볼 일이다.

이윽고 주고받던 이야기가 그치고 주위가 조용해졌다. 달이 잎이 무성한 떡갈나무가지 뒤로 갑자기 모습을 감추었다. 어두운 파도처럼 물결치듯 잎사귀들은 서로 몸을 붙인 채 여명을 준비하는 기다림에 잠들었다. 그래도 이야기를 계속하는 남녀들의 속삭임이 이제는 알아들을 수 없는, 이윽고 이끼 위를 흐르는 밤 시냇물 소리에 섞이어 비밀스럽게 사라져 버렸다.

사랑의 말을 주세요

사랑한다는 말을 한 번만 더 들려주세요.
다시 한 번 더 그 말을 들려주세요.
그대에게는 뻐꾸기 울음처럼 들리겠지만 말예요.

기억해 두세요. 뻐꾸기 울음 없이는
상큼한 봄이 초록빛으로 치장을 하고
산이나 들, 계곡과 숲에 찾아오지 않는다는 사실을.

온갖 별들이 가득 하늘을 빛으로 수를 놓는다 해도
너무 많다고 불평할 사람이 어디 있을까요?

온갖 꽃들이 저마다 사계절을 꾸민다 해도
너무 많다고 불평할 사람이 어디 있을까요?

"사랑해, 사랑해, 사랑해……."
그 달콤한 말을 속삭여 주세요.

|브라우닝|

시간이란 길음과 짧음, 높음과 낮음이다

나에게 있어 시간이 달아나 버린다는 것만큼 안타까운 일은 없다. 선택을 해야만 한다는 것이 나에게는 견딜 수 없는 일이다. 선정은 선택하라는 것이라기보다는 그것을 물리치는 하나의 방법으로 생각되었다. 그때 비로소 나는 무섭도록 시간의 협착함과 정밀한 차원 밖에 갖고 있지 않다는 사실을 깨달았던 것이다. 폭이 넓은 것이었으면 하고 바랬지만 시간은 한낱 선에 지나지 않았고, 나의 욕망들은 그 선 위를 달리면서 서로 밟지 않으면 안 되는 위험이었다.

사랑은 쓰고도 단 것

사랑는 쓰지만
사랑은 달기도 합니다.
둘이 서로 만나기까지 한숨에 젖고
한숨 지으며 또다시 만나는 사랑하는 사람들
이별을 하면서 만나고
또다시 한숨을 짓습니다.
쓰고 달콤한 사랑의 괴로움이여!

사랑은 앞 못 보는 소경과 같고
사랑은 장난꾸러기입니다.
소경에 장난꾸러기인 사랑.
생각은 대담하지만 말은 수줍게 합니다.
대담하고도 수줍은 사랑.
대담하다가는 수줍어하고 다시 대담해지는
사랑은 수줍음과 괴로운 것입니다.

|맥도날|

불을 끄면 빛이 없어진다.
그러나 의식은 끌 수 없다

바다를 굽어보는 벼랑 위의 나만의 작은 방. 너무나 밝은 달빛이 잠을 깨웠다. 바다 위에 비치는 푸르슴한 달빛이 파도가 되어 밀려왔다.

아직은 여린 어둠으로 열려 있는 창문으로 가까이 다가갔을 때, 나는 이제 새벽에서 벗어나 태양이 떠오르는 것을 보게 되리라고 생각했다. 하지만 그것이 아니었다. 『파우스트』 제2부에서 헬렌을 맞이할 때처럼 따뜻하고 부드러운 달이었다. 황량한 바다. 죽음에 묻힌 마을. 어둠 속에서 개 짖는 소리……

우리 인간이 몸을 의지할 곳이라곤 어디에도 없어 보였다. 모든 것들이 어떻게 깨어나게 될지조차 알 수 없다.

어디선가 들려오는 동물의 비통한 울부짖음. 정녕 낮이 다시 오지 않을 것 같은 불안감에 휩싸인다. 더 이상 잠을 잘 수가 없다. 그대라면 어떻게 하겠는가. 지금의 나처럼 오지 않는 졸음을 기다리는 수밖에 없을 것이다.

머물며 사랑하기

누구나 실수를 할 수 있지만
누구나 솔직할 수 있는 것은 아닙니다.
그러나 진실한 사람의 아름다움은
무엇과도 비교할 수 없습니다.

솔직함은 겸손이고
그것은 두려움 없는 용기입니다.
잘못으로 부서진 것을 솔직함으로 건설한다면
어떤 폭풍우에도 견뎌낼 수 있을 것입니다.

때로는 약한 사람이 솔직할 수 있으며
여유로운 사람이 자신의 모습을 볼 수 있고
자신을 아는 사람만이 자신의 모습을 드러낼 수 있습니다.

| 테클라 매를로 |

죽음은 순식간에 찍히는 사진과도 같다

우리들이 즐겨 찾는 테라스는 마을을 내려다보며, 우거진 녹음 위에 마치 닻을 내린 한 척의 거대한 배와도 같았다. 이따금 나는 이 가공의 배 갑판 위로 올라와 저녁 무렵의 아련한 명상을 맛보곤 하였다.

모든 소음은 떠오르면서 사라지는 것들이었다. 마치 물결처럼 조용히 밀려오다가 스며드는 듯 하였다. 어떤 때는 도도한 파도를 이루어 이곳까지 올라와서는 내 마음의 벽에 부딪쳐 부서지곤 하였다. 그러나 내 영혼은 지상에서 더욱 높이 파도가 미치지 못하는 곳으로 떠올랐다. 그러자 테라스 위에는 나뭇잎들의 살랑거리는 소리와 밤의 애끊는 부름 소리밖에 아무것도 들리지 않았다. 그 때 내 영혼의 깊은 곳에서 낯선 음성이 들려왔다.

"바로, 이 순간에 너의 생의 환희와 위안, 감동을 잊지 않고 맛볼 수 있을 것으로 생각하느냐? 너는 늘 사고의 습관에 얽매여 있다. 또한 너는 과거에 머물고 미래에 살며 순식간에 찍혀지는 사진과도 같은 죽음에 이른다."

사랑은 달콤하고 위험한 얼굴

사랑이라는 달콤하고 위험한 얼굴이
오랜 세월이 흐른 후 어느 날 저녁
내 앞에 나타났습니다.
그는 활을 가진 궁사였을까?
아니면 하프를 안은 악사였을까?

난 더 이상 알 수가 없었습니다.
아무것도 알 수가 없었습니다.
오로지 내가 알고 있는 것이 있다면
그 사람이 내 맘에 상처를 입혔다는 것 뿐입니다.

화살이었을까?
노래였을까?
내가 알고 애쓴 것이 있다면
그가 내 가슴에 상처를 남겼다는 것뿐입니다.
너무도 뜨겁게 불타오르는
사랑의 상처 말입니다.

|자크 플로베르|

과일의 꿈에 대해서 무슨 말을 해야 좋을까.

광야에 떠오르는 태양빛을 받은 아침 안개는 다사롭다.
태양은 젖은 땅을 맨발로 걷게 하고 바닷물이 적신 모래 위를 걷게 한다. 숲 속의 샘물은 목욕하기에 다사로왔고 내 입술이 어둠 속에서 만난 낯선 입술도 다사로왔다
그러나 과일들, 과일의 꿈에 대해서는 나타나엘이여!
무슨 말을 하면 좋을까?

지금 이 순간

그대에 대한 나의 사랑을
그대로는 다 표현할 길이 없습니다.
알맞은 낱말과 구절들을
찾을 길이 없습니다.

나는 분별력을 잃어버렸습니다.
그대를 만난 이후로는
그저 모든 것이 행복할 따름입니다.

사랑하기 때문에 그대를 원하는지, 아니면
그대를 원하기에 사랑하는 것인지
알 길이 없습니다.

다만 내가 알고 있는 것은
그대와 같이 있기를 좋아하고
그대를 생각하면 행복해진다는
지금 이 순간 내 사랑은
그대와 함께 있습니다.

|피터 맥 윌리엄스|

잠은 영혼의 고향이다

큰 길 모퉁이에 따뜻한 공기가 감돌고 있음을 나는 안다. 아직도 잎이 떨어지지 않은 생울타리 보리수, 학교로 가는 길목의 작은 대장간집 소년의 짓궂은 웃음과 장난, 더 길을 따라 숲 속으로 가면 수북히 떨어진 낙엽의 마지막 냄새. 가을 억새풀 보다 낮은 오막살이집에서 어린 아기에게 입을 맞추는 나이어린 여인의 웃음소리. 가을이면 더 멀리 울리는 양치기들의 휘파람 소리…… 그것뿐인가? 아아! 잠들자. 모두가 하찮은 것들이다. 이제 나는 이루어지지 않는 꿈에 너무 지쳐 버렸다.

당신을 위해

장미꽃 모양
으스러지게 곱게 피는 사랑이 있다면
당신은 어떻게 하시죠.

감히 손에 손을 잡을 수도 없고
속삭이기에 좋은 나이에 열은 없고
그래서 눈은 하늘만 쳐다보며
이야기는 딴 데로 빗나가고
차디찬 몸짓으로 뜨거운 마음을 감추는
이런 일이 있다면 어떻게 하시죠.

행여, 이런 마음을 알지 않을까 하여
얼굴이 화끈 달아올라
그가 모르기를 바라며
말없이 지나가려는 여인이 있다면
당신은 어떻게 하시죠.

| 노천명 |

한 알의 낟알 속에도 우주가 담겨 있다

낟알이여, 나는 한 줌의 너를 간직하며 기름진 밭에 뿌리련다. 너희들이 찬양하는 좋은 계절에 나는 뿌리고 싶다. 한 알이 백 알을 낳고, 또 한 알이 천 알을……

낟알이여, 나의 굶주림이 깊은 곳에서 너희들은 풍성하였다. 처음에는 아주 작은 모습으로 싹 트는 밀알이여, 말하라. 햇빛과 폭풍우를 거쳐 황금과 같은 이삭을 고개 숙인 채 늘어뜨리게 될 것인가를! 빈 밭고랑에 하나씩 늘어가는 밀짚단의 행렬, 단마다 볏을 달고 - 내가 뿌린 한 줌의 낟알이…… 꿈 속에 갇혀 있다.

꽃이 하고 싶은 말

새벽 무렵 숲에서 꺾은 제비꽃
이른 아침 그대에게 보내드리우리라.
황혼 무렵 꺾은 장미 꽃도
저녁에 그대에게 바치리라.

그대는 아는가.
낮에는 진실하고
밤에는 사랑해 달라는
그 예쁜 꽃들이 하고픈 말을.

|하이네|

최초의 꿈의 주인은 누구였을까

밝은 햇볕을 듬뿍 받고 있는 열린 창문 앞에 보라빛 포도송이가 전설처럼 주렁주렁 매달려 있다. 엷은 갈색을 띠고 있는 포도알이 명상에 잠겨 익으면서 소리없는 함성으로 빛을 새김질한다. 향기로운 생의 마지막 맛을 빚고 있는 중이다.

진달래꽃

나 보기가 역겨워
가실 때에는
말없이 고이 보내 드리우리다.

영변에 약산
질달래꽃
아름 따다 가실 길에 뿌리우리다.

가시는 걸음걸음
놓인 그 꽃을
사뿐히 즈려밟고 가시옵소서.

나보기가 역겨워
가실 때에는
죽어도 아니 눈물 흘리우리다.

| 김소월 |

흰 것은 보류된 빛의 소산을 의미한다

짙은 빛의 그림자가 드리워진 길가에 무심히 버려진 흰 조약돌. 빛의 보금자리. 광야의 황혼에 하얗게 드러나는 히드꽃 더미. 회교 사원의 대리석 바닥. 바다의 동굴 속에 피는 파도의 꽃, 흰 것은 보류된 빛의 소산을 의미한다.

빨간 장미꽃 사랑

오, 내 사랑은 유월에 갓 피어난
빨간 한 송이 장미꽃
내 사랑은 맑고 아름다운 선율
곡조 맞는 감미롭게 흐르는 가락.

정녕 아름답다, 나의 귀여운 소녀여!
나 깊이 너를 사랑하노라.
바닷물이 다 말라 버릴 때까지
변함없이 너를 사랑하리라.

바닷물이 다 말라 버릴 때까지
바위가 햇볕에 녹아 스러질 때까지
한결같이 너를 사랑하리라.

그럼 안녕, 내 하나뿐인 사랑이여!
우리가 잠시 헤어져 있을 동안.
천리만리 멀리 떨어져 있다 하더라도
나는 다시 돌아오리라는 것을 약속한다.

| 번즈 |

산이 높은 것이 아니라
골짜기가 깊은 것이다

풍경의 끊임 없는 변화는 행복의 모든 형식을, 그것들이 지닐 수 있는 명상과 슬픔의 형태를 알지 못하고 있다는 사실을 보여준다. 소년 시절 브르타뉴 광야를 헤메이면 가끔 알 수 없는 슬픔에 잠기곤 하던 그 때의 낯선 시간 속에서 갑자기 내 어린 영혼이 어디로인가 떠나가는 아픔을 나는 기억하고 있다. 이제 성년이 되어 느끼는 슬픔은 낯익은 풍경 속으로 조금씩 모습을 완성시키며 흡수되고 있었다. 그리하여 나는 완성된 슬픔을 흐뭇하게 바라볼 수 있었다.

여자의 마음

기도와 평화로 충만한
방이라 할지라도 내게 무슨 소용이 있습니까.
그날 나더러 어둠과 함께 나오라 하셨지만
나의 가슴은 그대에게 있습니다.

어머니의 걱정만큼이나
아득하고 따뜻한 집일지라도
내게 무슨 소용이 있겠습니까.
꽃같이 부드러운 너의 머리카락
폭풍으로부터 우리를 가리워 줄 것입니다.

우리를 애워싸 주는 검은 머리와 이슬을 머금은 눈이여,
나에겐 이미 삶도 죽음도 없습니다.
나의 가슴은 그대의 따뜻한 가슴 위에 있고
나의 숨결은 그대의 숨결에 얽혀 있습니다.

| 예이츠 |

하늘과 땅은 반대되는 것 끼리의 만남이다

나는 활짝 열어 놓은 창문가에서 마치 하늘 바로 밑에 누운 기분으로 잠자는 습관을 가졌다. 7월의 무더운 밤에는 달빛 아래서 벌거숭이로 건초 더미에 눕기도 했다. 그때 나는 원시인 같은 열정에 사로잡혔다. 새벽이 밝아오면 요란한 참새들의 함성이 잠을 깨워 주었다. 나는 찬물에 목욕을 한 다음 하루 일을 서둘러 시작하는 것을 자랑으로 여겼다. 주라산맥 너머로 나의 창문은 골짜기를 향해 아침을 열었다. 어느 새 그 깊은 골짜기는 회색의 눈으로 덮여 있었다. 침대에 앉으면 산 숲기슭이 한눈에 들어왔다. 까마귀와 까치떼들이 엷은 안개 기류를 타고 날았다. 가축의 금속 방울소리가 늦은 잠을 깨워주기도 했다. 집 근처에 넓은 샘터가 있어서 목동들이 소를 몰고 물을 먹이러 그곳을 찾아왔다. 그 모든 것을 지금 나는 지난날의 아름다운 시간으로 기억하고 있을 뿐이다.

당신의 행복

당신은 행복합니다.
한낮의 태양 앞에서
깊은 밤 별들 앞에서
또한 당신은 행복합니다.

태양도 달도 별도
모두 존재하지 않을 때
이 모든 것들이 있는 앞에서도
두 눈을 감을 수 있다면
당신은 진정 행복합니다.

|칼릴 지브란|

당신이 살아있다면 죽기도 할 것이다

나타나엘이여! 우리들은 아직도 함께 나무잎을 바라본 일이 없지. 그 나무잎의 녹색 곡선들을……

햇빛으로 반짝이는 나무잎들. 사방으로 출입구가 뚫려 있는 녹색의 동굴. 산들바람에도 자리를 바꾸는 부산스러움. 종속. 형상의 소용돌이. 사정없이 찢어진 무늬와 벽면. 가지들의 탄력적인 틀. 둥그스럼의 기복. 미세한 엽층과 작은 구멍들의 반란. 제멋대로 흔들리는 가지의 연민, 작은 가지들은 제각기 다른 몸부림으로 바람을 거부하며 저항력을 일으킨다. 하지만 바람은 가지들에게 녹색의 사랑을, 잎사귀의 꿈을 가지각색으로 만들어 잉태시킨다.

화제를 바꾸자. 무슨 이야기를 해야 할까? 처음부터 어떠한 구성이나 목적이 없었으므로 선택이 필요 없는 것은 당연한 일이다. 무엇이든간에 얽매임이 없어야 한다. 나타나엘이여! 얽매이지 않는 우리의 생존은 가능한 것일까!

밤에 오세요

밤에 나에게로 오세요
우리 서로 꼭 껴안고 잠들면 어때요.
난 외로운 불면증 환자랍니다.
이름 모를 새는 새벽에 울었지요.
내 꿈이 또다른 꿈과 뒹굴고 있을 때
꽃들은 시냇가 오솔길에서 피어나고
세상은 당신의 눈빛으로 물들지요.

밤에 나에게로 오세요.
예쁜 꽃신을 신고 사랑과 함께
늦은 밤 나의 지붕으로.
그러면 희미한 하늘에 달이 떠오르지요.
우리는 다정한 두 마리의 들짐승처럼
세상의 저쪽 마른 갈대밭 속에서
사랑을 나누어요.

| 쉴러 |

봄에 핀 꽃은 겨울 이야기이다

여기 또 하나의 낯선 정원이 꿈처럼 있다. 하늘에 닿기를 바라는 큰 감람나무에 에워싸인 흰 회교 사원이 희미하게 빛나고 있는 버림 받은 숲. – 성스러운 숲, 오늘 아침 너무나 피로해진 상념과 사랑의 불안으로 힘을 잃은 나의 육체가 이곳에서 휴식을 찾는다. 덩굴나무들이여! 지난해 너희들을 보았지만, 이렇게 황홀한 여인과 같은 모습으로 꽃 피울 줄은 생각도 못했다. 길고 여린 가지들 사이에 너울거리는 보라빛 등나무꽃, 기울어진 향로 같은 포도송이, 오솔길에 깔린 금빛 모래 위로 떨어지는 꽃잎들. 촉촉한 물소리, 호수에 찰랑거리는 잔 물결. 거대한 감나무의 꿈이여.

여자 친구에게 보내는 엽서

오늘은 차가운 바람이 불어와
이곳저곳에서 소리를 냅니다.
풀밭은 온통 서리에 젖어있습니다.
몇 개의 꽃 송이가 남아있을 뿐입니다.

창가에서 마른잎 하나가 팔랑입니다.
나는 눈을 감고
먼 안개에 싸인 도시를 걷고 있는
당신을, 사랑스런 한 마리의 사슴을 봅니다.

| 하이네 |

처음도 끝도 모르는 존재가 인간이다

걷잡을 수 없는 풍랑. 갑판 위를 사정없이 끼얹는 거센 물결. 추진기의 발을 구르는 듯한 진동. 오! 흐르는 진땀! 터질 듯한 머리 밑의 베개……. 오늘 저녁 갑판에 떠 있는 달은 찬연한 만월이었다. 하지만 불행하게도 갑판에 있지 못해 달빛의 향연을 볼 수 없었다.

파도를 기다리고 있노라면 갑자기 집채 같은 물이 배에 부딪쳐 부서지는 영혼을 뒤흔드는 소리. 숨막힘. 떠올랐다가 다시 떨어지고 – 자아의 무력함. 여기 있는 나는 무엇인가? 병마개 – 파도 위에 떠 있는 하잘 것 없는 병마개와 같은 존재다. 파도의 망각 속에 몸을 내맡긴다.

초혼

산산히 부서진 이름이여!
허공 중에 헤어진 이름이여!
불러도 주인 없는 이름이여!
부르다가 내가 죽을 이름이여!

심중에 남아 있는 말 한마디는
끝끝내 마저 하지 못하였구나.
사랑하던 그 사람이여!
사랑하던 그 사람이여!

붉은 해는 서산 마루에 걸리었다.
사슴의 무리도 슬피 운다.
떨어져 나가 앉은 산 위에서
나는 그대의 이름을 부르노라.

설음에 겹도록 부르노라.
설음에 겹도록 부르노라.
부르는 소리는 비껴 가지만

내 마음 속에는 들어보지 못한 감각들이 엮어진다

나는 이른 아침에 새벽빛을 밟으며 산책을 나선다. 아무 것도 애써 들여다보지 않아도 안 보이는 것이 없다. 우주의 신기로운 심포니가 형성되어 내 마음 속에는 들어보지 못한 감각들이 구슬처럼 엮어진다. 시간이 예정대로 지나간다. 태양이 중천에서 수직으로 내리쬐지 않을 때 걸음이 느리게 되는 것처럼, 나의 감동도 게으른 탓으로 늦춰진다.

이윽고 나는 사람이건 사물이건 열중할 수 있는 대상을 선택한다. - 하지만 움직이는 것을 목표로 한다. 왜냐 하면 감정의 흐름이 멈추게 되면 생기를 잃어버리기 때문이다. 그럴 때면 나에게 찾아오는 새로운 순간마다 아무 것도 보지 못하고 맛보지 못한 또다른 결과를 생각하게 된다. 마침내 풍요로운 환상을 건잡을 수 없는 무지개를 쫓느라고 열중한다.

하늘과 땅 사이가 너무 넓구나.

선 채로 이 자리에 돌이 되어도
부르다가 내가 죽을 이름이여!
사랑하던 그 사람이여!
사랑하던 그 사람이여!

|김소월|

마술의 숲속은 젊음의 고향과 같다

시간의 느린 걸음. — 이미 말라 버린 지난 계절의 석류 열매가 아직도 가지에 애처롭게 매달려 있다. 완전히 터져서 굳어버린 잔혹함, 바로 그 가지에 새로운 꽃망울이 부풀어 오르고 있다. 산비둘기가 종려나무 사이로 그림자처럼 날아간다. 꿀벌들이 목장 주위를 분주히 날고 있다.

여름! 황금의 열정, 감당하기 어려움, 그 풍만함. 더욱 짙어가는 찬란한 빛의 향연. 사랑의 범람! 꿀을 맛보려는 자 누구인가? 밀랍 벌집이 열정으로 녹아내리고 있다.

여인

눈여겨 낯익은 듯한 여인 하나
어깨 널찍한 사나이와 함께 나란히
아기를 거느리고 내 앞을 무심히 지나간다.

아무리 보아도
나이가 스무 살 남짓한 저 여인은
뒷모양, 걸음걸이, 몸맵시 하며
틀림없이 저 누구더라.

어쩌면 옮은 입술 혀 끝에 맴도는 이름이오!
어쩌면 아슬아슬 눈 감 길듯 떠오르는 추억이오!

옛날엔 아무렇게나 행복해 버렸나 보지?
아니 아니, 정말로 이제금 행복해 버렸나 보지?

|한하운|

사랑은 사막 위에 떠 있는 배와 같다

나는 무섭게 보았다. 바람이 저 멀리 지평선 끝에서 모래를 불러일으켜 오아시스를 허덕이게 하는 광경을. 그때 오아시스는 폭풍우에 휩쓸린 한 척의 커다란 배와 같았다. 폭풍으로 쓰러질 듯 몸부림쳤다. 그러자 마을의 좁은 골목길에서는 벌거벗은 한 남자가 열병의 지독한 갈증에 못 이겨 몸을 뒤틀고 있었다. 오아시스! 사막 위에 섬처럼 떠 있는 마지막 희망이다.

연인

그녀는 내 눈 속에 있다.
그녀의 머리칼은 내 머리칼 속에
그녀는 내 손의 모양을 가졌다.
그녀는 내 눈의 빛깔을 가졌다.
그녀는 내 그림자 속에 숨는다.
마치 하늘에 던져진 작은 돌처럼.

그녀의 빛나는 눈동자 속에서
나는 잠들지 못한다.
환한 대낮에 핀 그녀의 꿈은
태양을 증발시키고
나를 웃기고 울리고
꼭 할 말이 없는데도 말을 만든다.

| 엘뤼아르 |

행복은 죽음 위에 피는 꽃과 같다

밤에 사막을 걷는 것은 느린 배를 타고 가는 항해와도 같다. 바다의 물결도 사막보다 더 푸르지 못하다. 사막은 하늘보다도 더 밝았다. 별 하나 하나가 유난히 아름답게 보이던 그러한 밤을 나는 알고 있다.

'내 영혼이여, 모래 위에서 너는 무엇을 보았는가!'

자신의 몸에 아주 작은 이를 기르는 즐거움. 우리들에게는 삶이, 나는 바란다. 행복이 죽음 위에 피는 꽃과 같기를.

연인에게로 가는 길

아침은 빛나는 눈을 뜨고
세상은 이슬에 취하여 반짝인다.
금빛으로 그를 감싸주는
생생한 빛을 향하여.

나는 숲 속을 거닐며
빠른 아침과 발을 맞추어
열심히 걸음을 재촉한다.
아침이 나를 아우처럼 동행시킨다.

갈색의 모리밭에
뜨겁게 드리운 대낮이
쉴새없이 길을 재촉하는
나를 바라보고 있다.

조용한 저녁이 오면
나는 목적지에 닿을 것이다
대낮이 그렇듯이, 사랑스런 이여,
너의 가슴에 타 버리리라.

| 헤르만 헤세 |

내 삶에 희망의 물이 흐를 때

곳곳을 지나며 흘러가는 물은 드넓은 벌판을 적셔주고 수많은 입술들의 갈증을 해소시켜 줄 것이다. 그러나 나는 그 물의 현상에 대해 무엇을 알 수 있다는 말인가? - 나에게 오직 그것은 시원한 맛, 그리고 지나가 버리면 타는 듯한 갈증이 다시 찾아오는 간절함 이외에 무엇이겠는가? - 나를 포위하는 쾌락의 외형들, 그대들은 물처럼 흘러갈 것이다. 만약에 다시 내 삶에 희망의 물이 흐르게 된다면 영원히 변함 없는 서늘한 맛을 가져다 줄 것을 고대하리라.

끊임 없는 강물의 서늘한 기다림이여, 시냇물의 변함 없는 물보라여! 너희들은 지난날, 피곤한 손을 담갔을 때 닿았던 그 물은 쓰고 나면 서늘한 맛이 없어져 버리는 물이 아니다. 잠시 내 손에 붙잡힌 물, 인간의 예지와도 같다. 우리 인간의 역사란 강물의 끊임 없는 서늘한 맛을 지니지 못함을 알고 있을 뿐이다.

이름 없는 여인이 되어

어느 조그만 산골로 들어가
나는 이름 없는 여인이 되고 싶습니다.
초가 지붕 위에 박넝쿨 올리고
삼밭엔 오이랑 호박을 놓고
들장미로 울타리를 엮어
마당엔 하늘을 욕심껏 들여놓고
밤이면 실컷 별을 안고

부엉이가 우는 밤도
나는 외롭지 않습니다.
기차가 지나가 버리는 마을
놋양푼의 수수엿을 녹여 먹으며
내 좋은 사람과 밤이 늦도록
여우 나타나는 산골 이야기를 하면
삽살개는 달을 향해 짖고
나는 여왕보다 더 행복하겠습니다.

| 노천명 |

긍정은 자기 희생으로 되돌아가는 감정의 흐름이다

모든 긍정은 자기 희생으로 되돌아가는 감정의 흐름이다. 그대가 자신의 내부에서 포기하는 일은, 새 생명을 찾는 하나의 방법이며, 자신을 긍정하려고 희구하는 자는 스스로를 부정하게 되고, 스스로를 포기하려는 자는 긍정하게 되는 것이다. 완전한 소유란 증여 이외에는 입증되지 않는다. 그대가 줄 수 없는 모든 것은 스스로를 포박하는 것이며, 희생 없이는 부활도 있을 수 없다. 그대가 자신 속에서 보호하려고 애쓰는 노력은 오히려 그대를 위축시키는 상실감이다.

연인들의 바위

우리에게는 죽을 수 없는 사랑이 있다.
어떤 사람들은 부서진 가슴으로
자기 나름대로의 운명을 따르고

마치 별들의 뜨고 불 타고 지는 것처럼
그 사람들도 떠나가 버렸다.
부드럽고 젊고 찬란하고 짧았던
봄에 떨어진 잎새 속에 세월을 묻은 채.

우리에게는 죽을 수 없는 사랑이 있다.
그 사랑은 무덤 너머로까지 이어진다.
수많은 한숨과 비탄으로 삶이 꺼지고
대지가 준 것을 다시 대지가 거둘 때
그 사랑의 빛은 싸늘한 바람이 불어도
깨닫지 못한 사람들의 집을 비춘다.

| 롱펠로우 |

사랑을 선택해서는 안 된다

오! 욕망이여! 너로 하여 얼마나 많은 밤을 잠 못이루고 보낸 것인가? 많은 나날을 몽상에 잠겨 목적도 없이 보내야만 했다. 오! 저녁 무렵, 안개가, 종려나무 아래서 들려오는 피리 소리가, 오솔길을 따라 걷는 흰 옷이, 뜨거운 빛 가장자리에 부드러운 응달이 깃들어 있다면 …… 나는 그곳으로 달려가리라.

흙으로 빚어 만든 작은 등잔! 가벼운 밤바람이 불빛을 흔든다. 창문 밖의 전설같은 하늘. 지붕들 위에 떠 있는 묘한 밤. 달빛의 소리 없는 함성. 인기척이 끊긴 어둠 속을 뚫고 이따금 자동차가 지나가는 둔탁한 금속성 소리. 그리고 저 멀리에서 작은 간이역을 지나치는 신호음과 같은 기적의 숨가쁨, 이제 도시는 사람들이 잠에서 깨어나기를 빠르게 기다리고 있다.

아주 잊어버리세요

잊어버리세요.
꽃을 잊듯이
아주 잊어버리세요.
한때 황홀하게 타오르던 불처럼
아주 영원히 잊어버리세요.

시간은 친절한 벗과 같은 것
우리는 세월을 따라 늙어가지만
만일 누군가 묻는다면 대답하세요.
그건 이미 오래 전의 일이라고
꽃처럼 불처럼 아주 먼 옛날
눈 속으로 사라진 발자취처럼 잊었노라고.

|사라 티즈데일|

자연은 변함없이 순례하는 나그네와 같다

태양의 부름을 받아 대지에서 스며 나오는 새로운 기쁨이 지상을 적시고 있다. 그러한 설레이는 분위기에서 넘쳐 흐르는 벅찬 공기가 생겨난다. 이미 대자연에 생기가 돌면서 불분명하게 규율이 정해져 가지만, 혼돈 상태에서는 벗어나지 못하고 있는 미지의 세계다. 무분별한 법칙에 아직은 황홀한 복잡성이 활기를 띤다. 계절, 호수의 민감한 움직임, 썰물과 밀물, 수증기, 날씨의 순조로운 변화, 바람의 주기적인 이동 등등. 자연 속에서 움직이는 모든 사물에 조화의 리듬이 진행된다. 이 세상에서 생명의 기쁨을 만들어 낼 만반의 준비를 갖추고 있다. 그 기쁨의 표현은 신비로울 정도로 생명의 의지에 따라 연초록빛 나무잎 속에서 맥박치고 수액이라는 달콤함으로, 혹은 분리되어 꽃의 향기로 대지를 감싸며, 과실의 감미로운 맛을 이루고, 새의 마음이 되고, 태양 광선을 받아 증발되어 또다시 소낙비라는 형태로 닮아가는 자연의 법칙이다. 이렇듯 자연은 변함없이 순례하는 나그네와 같다.

잊혀진 여자

쓸쓸한 여자보다
더 가엾은 것은 불행한 여자다.
불행한 여자보다
더 가엾은 것은 병든 여자다.
병든 여자보다
더 가엾은 것은 버림 받은 여자다.
버림 받은 여자보다
더 가엾은 여자는 의지할 데 없는 여자다.
의지할 데 없는 여자보다
더 가엾은 여자는 쫓겨난 여자다.
쫓겨난 여자보다
더 가엾은 여자는 죽은 여자다.
죽은 여자보다
더 가엾은 여자는 잊혀진 여자다.

|마리 로랑생|

신 앞에서 인간은 벌거숭이다

헤아릴 수 없는 광선의 빛줄기가 내 가슴 위에서 교차하여 화려한 빛깔로 맺어진다. 연약한 감각을 모아 기적 같은 빛의 실타래로 의상을 짠다. 신의 웃음 소리가 들린다. 그러면 나는 신을 향해 미소를 지어 보인다. 위대한 왕이 죽었다고 외치는 자는 누구인가? 가쁘게 내뿜는 입김 저편에서 나는 그를 보았다. 나는 입술을 그에게로 내밀어 본다. 오늘 아침 나에게 '무얼 그렇게 서두르는가?' 라고 속삭인 것은 바로 그가 아니었을까? 나는 마음과 손으로 온갖 너울을 걷어 치운다. 내 앞에 빛나는 것, 벌거벗은 것 이외에 무엇 하나 남기지 않고 신 앞에서 우리는 언제나 벌거숭이다.

자나 깨나 앉으나 서나

자나깨나 앉으나 서나
그림자같은 벗 하나가 내게 있었습니다.

그러나, 우리는 얼마나 많은 세월을
쓸데없는 괴로움으로만 보내였겠습니까!

오늘은 또다시, 당신의 가슴속, 속 모를 곳을
울면서 나는 휘저어버리고 떠납니다그려.

허수한 맘, 둘 곳 없는 심사에 쓰라린 가슴은
그것이 사랑, 사랑이던 줄이 아니도 잊힙니다.

|김소월|

행복은 삶을 무지개로 칠하는 작업이다

흰 여백의 깨끗한 종이 한 장이 내 앞에서 빛난다. 그리고 하나님이 자신의 형상대로 지은 것처럼 나의 사고도 운율의 법칙에 따른다. 이 완전한 행복의 모습, 재현하는 화가로서 나는 한량없이 약동하며 생기에 찬 색채를 무지개로 전시해 본다.

통곡하는 바람처럼

통곡하는 바람이 밤을 불어오듯이
나의 갈망이 너에게로 날아간다.
모든 그리움이 잠에 깨어 있다.
오, 나를 이렇게 병들게 한
너는 나의 무엇을 알고 있는가!
늦은 밤에 불을 조용히 끄고
들뜬 몇 시간을 눈 뜨고 있다.
밤은 어느덧 네 얼굴이 되고
사랑을 속삭이는 바람소리는
잊을 수 없는 네 웃음이 된다.

| 헤르만 헤세 |

인생이란 자연이 동의하는 것 이상의 가치이다

인생이란 자연이 동의하는 것 이상으로 아름다운 가치를 지니고 있다. 예지는 이성 속에 있는 것이 아니고 사랑 속에 내재해 있는 가치이다. 아아! 나는 오늘날까지 너무도 조심스럽게 살아왔다. 새로운 법칙을 만들기 위해서는 무법의 상태가 되어야 한다. 오오, 해방이여! 오오, 자유여! 나의 욕망이 다다를 수 있는 한계까지 나는 가리라.

너를 꿈꾼다

내가 잠자리에 들면 눈이 감기고
비가 젖은 손가락으로 지붕을 두드릴 때면
수줍은 작은 사슴이여
고요히 꿈나라에서 너는 나에게로 다가온다.

나와 너는 항상 함께 걷고 헤엄치고
숲을 지나 강을 건너 시끄러운 동물들 사이를 지나
별과 무지개빛 구름을 헤치고
고향을 향한다.

수많은 모습들에 쌓여
구름 속을 떠가는가 하면, 태양의 불꽃 속을 지나고
때로는 떨어지고, 손에 손을 잡고
함께 길을 간다.

아침이 오면, 그 꿈은 사라지고
나는 깊은 내면에 잠긴다.
그것은 내 속에 있으면서
언제나 내 것이 아니었다.

|헤르만 헤세|

나 자신이 행복하려면 다른 사람의 행복이 필요하다

나의 행복은 타인에게 증여함으로써 이루어진다. 그러고 보면 나의 죽음도 나의 손 안에서 대단한 것은 앗아가지 못하리라. 죽음이 기껏 나에게서 앗아가는 것이 있다면 막연한 재물, 자연적인 재물, 다시 말해서 누구에게나 공통적인 독점하기에는 어울리지 않는 재물인 것이다.

이미 나에게 그러한 재물은 포만 상태다. 그 이외의 재물에 대해서 산해진미보다는 시골 주막의 거치른 음식을, 귀한 돌담으로 둘러싸여 있는 아름다운 정원보다는 뜰안의 작은 꽃밭을, 희귀한 호화판 서적보다는 산책할 때 마음 놓고 가지고 다닐 수 있는 문고판 책을 더 좋아한다. 어떤 예술품을 감상하는데 혼자서 해야 할 경우라면, 그 작품이 아름다울수록 슬픔은 보다 더 즐거움을 앗아갈 것이다.

나의 행복은 다른 사람의 행복을 증가시키는데 있다. 나 자신이 행복하려면 만인의 행복이 필요하다.

나의 침실로

마돈나. 지금은 밤도 모든 목거지에 다니노라. 피곤하여 돌아 가렸다. 아, 너도 먼동이 트기 전으로 수밀도의 네 가슴에 이슬이 맺도록 달려오너라.

마돈나. 오려무나, 네 집에서 눈으로 유전하던 진주는 다 두고 몸만 오너라. 빨리 가자, 우리는 밝음이 오면 어딘지 모르게 숨는 두 별이어라.

마돈나. 구석지고도 어두운 마음의 거리에서 나는 두려워 떨며 기다리노라. 아, 어느덧 첫닭이 울고 뭇 개가 짖도다. 나의 아씨여, 너도 듣느냐.

마돈나. 지난 밤이 새도록 내 손수 닦아둔 침실로 가자, 침실로 낡은 달은 빠지려는데 내 귀가 듣는 발자국. 오, 너의 것이냐?

마돈나. 짧은 심지를 더우잡고 눈물도 없이 하소연하는 내 맘의 촛불을 봐라. 양털 같은 바람결에도 질식이 되어 얄푸른 연기로 꺼지려는 도다.

마돈나. 오너라, 가자. 앞산 그르매가 도깨비처럼 발도 없이 가까이 오도다. 아, 행여나 누가 볼는지 가슴이 뛰누나. 나의 아

슬픔만큼 상실하는 기쁨을 느낀다

아침 잠에서 깨어나는 순간부터 내 자신이 존재하고 있다는 사실에 놀라 스스로에 경탄을 금할 수 없다. 슬픔의 종말이 가져다 주는 기쁨이 어찌하여 희열의 종말에서 맛 보아야 하는 슬픔보다 더 크지 못한 것일까? 그 까닭은 슬플 동안 만큼 상실하는 행복을 느끼게 되지만, 그대가 그 행복으로 하여 고통을 잊게 된다는 사실을 까마득히 잊는다. 말하자면 행복하다는 감정은 그대에게 당연한 결과이기 때문이다.

씨여, 너를 부른다.

마돈나. 날이 새련다, 빨리 오려무나. 사원의 쇠북이 우리를 비웃기 전에 네 손이 내 목을 안아라. 우리도 이 밤과 함께 오랜 나라로 가고 말자.

마돈나.뉘우침과 두려움의 외나무 다리 건너 있는 내 침실 열이도 없느니. 아, 바람이 불도다. 그와 같이 가볍게 오려무나. 나의 아씨여, 네가 오느냐?

마돈나. 가엽어라, 나는 미치고 말았는가. 없는 소리를 내 귀가 들음은 내 몸에 피란 피 가슴의 샘이 말라 버린 듯 마음과 몸이 타려는 도다.

마돈나. 언젠들 안 갈 수 있으랴. 갈 테면 우리가 가자. 끄을려 가지 말고 너는 내 말을 믿는 마리아. 내 침실이 부활의 동굴임을 네가 알렬만.

마돈나. 밤이 주는 꿈, 우리가 엮는 꿈, 사람이 안고 뒹구는 목숨의 꿈이 다르지 않느니. 아, 어린애 가슴처럼 세월 모르는 아의 침실로 가자, 아름답고 오랜 거기로.

마돈나. 별들의 웃음도 흐려지려 하고 어둔 밤 물결도 잦으려는도다. 아, 안개가 사라지기 전으로 네가 와야지. 나의 아씨여, 너를 부른다

| 이상화 |

행복해질 수 없는 사람은 어떠한 일도 행할 능력이 없다

이 지상에는 너무도 많은 빈곤과 비탄, 괴로움과 잔악한 사건들로 가득 차 있어 행복한 사람은 자기의 풍요로움을 부끄럽게 생각하지 않는다. 그러나 스스로 행복해질 수 없는 사람은 타인의 행복을 위해 그 어떠한 일도 행할 능력이 없다. 나는 어쩔 수 없이 행복해져야 한다는 의무감을 느낀다. 그러나 남을 해치거나 약탈로 얻는 행복이라면 마땅히 증오해야 할 것이다. 여기서 한 걸음 더 나아가면 비극적인 사회 문제에 부딪히게 된다. 이때 이성의 모든 논거는 물론 코뮤니즘의 비탈길에서 인류를 구원할 수 없을 것이다.

님의 침묵

님은 갔습니다. 아아, 사랑하는 나의 님은 갔습니다.
푸른 산빛을 깨치고 단풍나무 숲을 향하여 난 작은 길을 걸어서, 차마 떨치고 갔습니다. 황금의 꽃같이 굳고 빛나던 옛 맹세는 차디찬 티끌이 되어서 한숨의 미풍에 날아갔습니다.
날카로운 첫 키스의 추억은 나의 운명의 지침을 돌려 놓고 뒷걸음쳐서 사라졌습니다. 나는 향기로운 님의 말소리에 귀먹고, 꽃다운 님의 얼굴에 눈 멀었습니다.
사랑도 사람의 일이라, 만날 때에 미리 떠날 것을 염려하고 경계하지 아니한 것은 아니지만, 이별은 뜻밖의 일이 되고 놀란 가슴은 새로운 슬픔에 터집니다.
그러나, 이별은 쓸데없는 눈물의 원천을 만들고마는 것은, 스스로 사랑을 깨치는 것인 줄 아는 까닭에 걷잡을 수 없는 슬픔의 힘을 옮겨서 새 희망의 정수박이에 들어부었습니다.
우리는 만날 때에 떠날 것을 염려하는 것과 같이 떠날 때에 다시 만날 것을 믿습니다.
아아, 님은 갔지마는, 나는 님을 보내지 아니하였습니다.
제 곡조를 못 이기는 사랑의 노래는 님의 침묵을 휩싸고 돕니다.

|한용운|

인간의 아름다움은 자기 희생에서 완성된다

첫째 미덕은 인내다. 단순한 기대와는 전혀 다르다. 그것은 고집과 일맥 상통한다. 모든 미덕은 자기 희생에 의해 완성된다. 그래서 때로는 참다운 웅변까지도 포기한다. 개인은 자기 자신을 망각할 때 비로소 자기를 긍정하는 것이다. 자기 생각에 몰입하는 자는 자기를 부정하는 사람이다. 미인이 자기가 아름답다는 사실을 모르고 있을 때처럼, 나의 마음을 황홀하게 해주는 일은 없다. 가장 감동적인 아름다움은 체념한 상태의 아름다움을 말한다. 그리스도는 스스로 신성을 포기함으로써 하나님이 되었다. 한편 스스로를 포기함으로써 하나님은 스스로를 창조하셨다.

모래 위에 쓴 편지

오늘 같은 그 어느 날,
모래 위에 사랑의 편지를 쓰면서
우리는 시간이 가는 줄도 몰랐지.

밀려오는 파도에
모래 위에 쓴 사랑의 편지가 지워질 때
너는 웃었고
나는 울었지.

너는 언제나
진실만을 맹세한다고 말했지.
그러던 너였건만
지금 그 맹세는 어디로 갔나.

부서지는 파도에 밀려
모래 위에 쓴 사랑의 편지가 지워질 때처럼
지금 내 마음은 한없이 슬프다네.

| 페트 분 |

인간은 행복하기 위해 태어났다

우리들이 자신의 삶에 흥미를 갖기 위하여 얼마나 많은 노력을 경주해야 하는 지 그대는 알 수 없을 것이다. 그러나 삶이 무섭도록 우리의 흥미를 끌게 된 지금은 세상 만사가 다 그렇듯이 우리를 열광케함을 곧 그대는 깨닫게 되리라.

'우리 인간이 행복하기 위해 태어났다는 사실을 모든 자연이 가르쳐 주고 있다.'

더 이상 헤매이지 말자

이제는 더 이상 헤매이지 말자
이토록 늦은 한밤중에
사랑은 가슴속에 깃들고
지금도 달빛은 환하지만.

칼을 쓰면 칼집이 헤지고
정신을 쓰면 가슴이 헐고
심장도 숨쉬려면 쉬어야 하고
사랑도 때로는 쉬어야 한다.

밤은 사랑을 위해 있고
낮은 너무 빨리 돌아오지만
이제는 더 이상 헤매이지 말자.
아련히 흐르는 달빛 사이를……

|바이런|

사랑의 이름으로 별에게

나는 무엇보다도 광활한 밤하늘의 깊은 어둠 속으로 천천히 낙하하며 흐터지는 연한 황금빛 불꽃을 사랑하였다. 불꽃이 사라지면 뒤이어 나타나는 작은 별들 – 그렇게도 별은 황홀했다.– 이 뜻하지 않은 환상극 배역을 맡은 불꽃이 사라진 다음에도 변함없이 반짝이는 별들을 볼 때 놀라움을 금할 수가 없었다. 별 하나에 나, 별 둘에 사랑의 이름을 부르다가 고정된 성좌의 전설을 밤하늘에 써 보내는 것이다. – 그리하여 황홀함은 계속 되었다.

못 잊어

못 잊어 생각이 나겠지요,
그런대로 한 세상 지내시구려.
사노라면 잊힐 날 있으리다.

못 잊어 생각이 나겠지요,
그런대로 세월만 가라시구려,
못 잊어도 더러는 잊히오리다.

그러나 또 한긋 이렇지요,
'그리워 살뜰히 못 잊는데,
어쩌면 생각이 떠나지나요?'

| 김소월 |

삶이란 매일 죽음을 찾아 출발하는 여정이다

새벽이 되기도 전에 어슴프레한 야음 속을 더듬으며 떠나야 하는 이별 같은 출발. 영혼과 육체의 전율. 엷은 현기증. 가지고 가야 할 짐이 무엇인가 잠시 생각해 본다.

그렇다. 다른 새로운 것을 만나보기 위해서 이별을 해야 하는 기쁨 때문에 다시 출발하는 것이다. 아아! 나타나엘이여, 우리의 삶이란 매일 이별을 하면서 죽음을 찾아 출발하는 여정이다. 마침내 사랑으로 — 사랑과 기대와 희망, 이것은 우리들의 진정한 소유다. 이 풍요로운 열매를 가꾸기 위해 얼마나 많은 헐벗은 시간을 보내야 했던가. 가난한 내 영혼이여!

떠나자! 그리하여 아무 곳에서나 발걸음을 멈추자. 거기가 바로 내 고향이 아닌가.

별 헤는 밤

계절이 지나가는 하늘에는
가을로 가득 차 있습니다.

나는 아무 걱정도 없이
가을 속의 별들을 다 헤일 듯합니다.

가슴 속에 하나 둘 새겨지는 별을
이제 다 못 헤이는 것은
쉬이 아침이 오는 까닭이요
내일 밤이 남은 까닭이요
아직 나의 청춘이 다하지 않은 까닭입니다.

별 하나에 추억과
별 하나에 사랑과
별 하나에 쓸쓸함과
별 하나에 동경과
별 하나에 시와
별 하나에 어머니, 어머니,

방황은 삶을 전달한다

벌판에는 드넓은 경작지가 꿈꾸듯 펼쳐 있다. 황혼이 머무는 밭고랑에서 김이 피어올랐다. 피로에 지친 말이 더욱 느린 걸음으로 땅거미를 따라 걷고 있다. 마치 처음 땅 냄새를 맡아보는 것처럼 황혼은 매일매일 나를 도취시켰다. 그러면 나는 갈색 가랑잎이 뒤덮인 숲기슭의 낮은 언덕에 앉아 저 건너 경작지로부터 들려오는 노랫소리에 귀를 기울이며 빛을 잃은 태양이 지평선 멀리로 잠들어 가는 마지막 모습을 바라보면서 하루를 떠나 보내고 있었다.

어머님, 나는 별 하나에 아름다운 말 한마디씩 불러봅니다. 소학교 때 책상을 같이 했던 아이들의 이름과 패, 경, 옥 이런 이국 소녀들의 이름과, 벌써 애기 어머니가 된 계집애들의 이름과, 가난한 이웃 사람들의 이름과, 비둘기, 강아지, 토끼, 노새, 노루, 프랑시스 잠, 라이너 마리아 릴케, 이런 시인의 이름을 불러봅니다.

이네들은 너무나 멀리 있습니다.
별이 아슬히 멀듯이
어머님,
그리고 당신은 멀리 북간도에 계십니다.
나는 무엇인지 그리워
이 많은 별빛이 내린 언덕 위에
내 이름자를 써 보고
흙으로 덮어버리었습니다.

딴은 밤을 새워 우는 벌레는
부끄러운 이름을 슬퍼하는 까닭입니다.
그러나 겨울이 지나고 나의 별에도 봄이 오면
무덤 위에 파란 잔디가 피어나듯이
내 이름자 묻힌 언덕 위에도
자랑처럼 풀이 무성할 게외다.

| 윤동주 |

성공이란 삶의 여백에 그리는 그림이다

웃어야 할 때가 있다. 그렇다. 그 웃음을 회상해야 할 때가 있다. 나타나엘이여! 내 눈길이 머무는 곳에서 풀들이 물결치는 갈색 파도를 본 것은 바로 나였다. 어느 누구도 아닌 나였다. - 베어 넘어진 밀밭의 현란함, 지금은 시들어 건조 냄새를 풍기고 있는 가을 풀들. - 이 풀이 지난 주만 하더라도 생생하게 푸르렀으나 어느덧 황금빛으로 물들어 저녁 바람에 고요히 흔들리는 물결로 - 아아! 마른 잔디밭에 누워서 - 우거진 풀들이 우리들의 사랑을 맞아주던 그 시간 속으로 돌아갈 수 있는 여백이 기다리고 있다면……

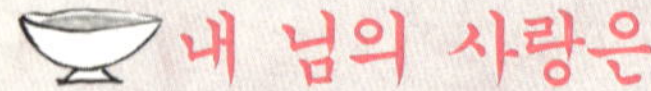

내 님의 사랑은

내 님의 사랑은 연두빛 차꽃 향기로 오라
비단 안개 헤치고 자갈밭 사이로
졸졸 흐르는 물처럼 소리 없는 귀로 오라

내 님의 사랑은 불타는 사르비아 정열로 오라
광야에서 길 잃고 헤매이는
젊은 혁명가처럼 뜨거운 숨결로 오라
내 님의 사랑은
눈 속에 핀 함박꽃 순결로 오라
인적 없는 산중에서 홀로 속삭이는
하얀 달빛처럼 차가운 눈으로 오라

| 윤소암 |

꽃이 되어 나는 다시 태어날 것이다

회색으로 낮게 드리운 하늘은 이따금 훈훈한 빗방울로 변하여 내리고, 물 속에서 자란 수초들의 흙탕 머금은 비릿한 내음, 얼크러진 줄기의 여린 흔들림, 솟아오르는 푸른 샘도 깊은 물 때문에 자취를 볼 수 없다. 아무 소리도 들리지 않는다. 이 황량한 평원 속에서, 너무나 자연스런 호수의 모습 때문에 물결이 파피루스 나무들 사이로 마치 피어오른 꽃처럼 넘실거린다. 아직 불타고 있는 것도 머지 않아 사라져 갈 것이다. 그러면 나는 꽃이 되어 다시 태어날 것이다.

추억

흙 속은 차갑고, 그 위에는 깊은 눈이 쌓여있다.
저 먼 곳 쓸쓸한 무덤 속에 차갑게 묻힌 그대
하나뿐인 사람아, 모든 것을 삼키는 시간의 물결로
나는 사랑을 잊고만 것일까?

흙 속은 차가운데 어두운 섣달이
이 갈색 언덕에서 어느새 봄날의 빛이 되었다.
변모와 고뇌의 세월을 겪어왔으니
아직 잊지 못할 마음은 너를 배반하지 않았다.

젊은 날의 그리운 사람아, 혹은 세파에 시달려
너를 잊었다면 용서하기 바란다.
거센 욕망과 어두운 소망이 나를 괴롭히지만
그것들은 너를 생각하는 마음을 해치지 않았다.

그리하여 내 하늘에 빛나는 태양은 없고
나를 비추는 별도 달리 없었다.
내 생애의 행복은 모두 네 생명에서 비롯되었고
그 행복은 너와 함께 무덤에 깊이 묻혀 있다.

| 프로스트 |

인간이 소유한 재산이란 꿈의 조각들이다

마치 동양의 창백한 여자들이 자신의 재물을 몸에 지니고 다니듯이, 나 역시도 모든 재산을 몸 속에 지녔다. 내 생애의 사소한 순간에도 나는 내가 가지고 있는 재산의 총체를 소중하게 느낄 수 있었다.

나의 재산은 여러가지 특별한 물건이 모인 것이 아니라, 한결같이 열애로 이루어진 것이다. 나는 언제나 재산을 내 힘으로 행사할 수 있도록 간직한 꿈의 조각들이었다.

'걷고 싶은 욕망, 거기엔 길이 열리고, 쉬고 싶은 욕망, 거기엔 그늘이 있다.'

거리에 비가 내리듯

거리에 비가 내리듯
내 마음에 눈물이 내린다.

가슴 속에 스며드는
이 설레임은 무엇일까?
대지에도 지붕에도 내리는
빗소리의 부드러움이여!
답답한 마음에
오, 비 내리는 노래소리여!

울적한 이 마음에
까닭도 없이 눈물이 내린다.
웬일인가! 원한도 없는데,
이 슬픔은 까닭이 없다.

이건 진정 까닭 모르는
가장 괴로운 고통
사랑도 없고, 증오도 없는데
내 마음 한없이 괴로와라!

| 베를레느 |

미래 속에서 과거를 찾는다는 것은 불행이다

나타나엘이여, 과거의 물을 다시 맛보려고 더 이상 애쓸 필요가 없다. 미래 속에서 과거를 다시 찾으려고 헛된 노력을 하지 말라. 순간마다 찾아오는 새로운 삶의 모습을 보아야 한다. 그리고 그대의 기쁨을 미리 준비하지 말라. 차라리 준비되어 있는 곳에서 또다른 기쁨이 그대 앞에 나타나게 되리라는 것을 예감하라.

행복은 우연히 찾아오거나 마주치는 그림자와 같아서, 그대가 노상에서 자주 만나는 사람들처럼 순간마다 나타난다는 사실을 어찌하여 깨닫지 못한단 말인가. 하지만, 그대가 꿈꾸던 행복은 그런 모습이 아니었다. 그런 이유로 그대의 행복이 사라져 버렸다고 생각하고 있다면, 오직 그대가 바라는 소망에 맞는 행복을 인정하지 않는다면 불행이 찾아올 것이다.

내일의 꿈은 하나의 기쁨이다. 그러나 내일의 기쁨은 오늘과는 전혀 다른 기쁨이다. 그리고 자기가 품었던 꿈과 비슷한 것은 이 세상에 존재하지 않는다. 왜냐 하면 사물마다 제각기 다른 가치를 지니고 있기 때문이다.

고엽枯葉

기억하라. 함께 지낸 행복스런 나날을.
그때 태양은 훨씬 더 뜨거웠고
우리의 삶은 아름답기 그지 없었지.
마른 낙엽을 갈퀴로 긁어모으기로 했다네.
나는 그날을 잊을 수 없어
모든 추억도 또 뉘우침도 함께
망각의 춥고 어두운 밤 저편으로
북풍은 그 모든 것들을 싣고 갔지.
네가 불러준 그 노래 소리
그건 우리의 마음 그대로의 노래였고
너는 나를 사랑했고
나 또한 너를 사랑했다.
우리 둘은 언제나 함께 있었지.
하지만 인생은 아무도 모르게
사랑하는 이들을 헤어지게 하지 않는가.
그리고 이별의 슬픔을 안고 떠나는 연인들의
모래밭에 남긴 발자취를 거센 물결이 지운다.

|플로베르|

저녁은 삶을 추억하는 무대와 같다

흙으로 그려진 마을의 작은 거리들, 낮에는 장미빛, 저녁에는 보라빛, 대낮에는 인기척이 없어도 어스름이 내리는 저녁이 되면 활기를 띠게 되리라. 그러면 불 밝은 카페에 사람들이 하나씩 둘씩 모여들고, 마지막 수업을 끝낸 어린이들은 학교에서 돌아오느라고 걸음을 빨리 한다. 언제부터인가 노인들은 광장 한구석 돌담에 기대어 이야기를 나누고, 이미 햇살은 기울어진 지 오래이다. 베일을 벗고 꽃차림으로 테라스 위에 나타난 여인들은 장황하게 서로의 시름을 이야기 할 것이다.

당신의 이름은

당신의 이름을
하얀 눈 위에 써 놓겠습니다.
바람이 그 이름을 날리면서 눈을 녹일 것입니다.
하얀 눈 위에 써 놓은
당신의 이름을 더 이상 찾지 마세요.
영원히 찾지 못할 것입니다.

당신의 이름을
젖은 모래 위에 써 놓겠습니다.
파도가 그 이름의 모래를 밀어낼 것입니다.
젖은 모래 위에 써 놓은
당신의 이름을 더 이상 찾지 마세요.
영원히 찾지 못할 것입니다.

당신의 이름을
내가 부르는 모래처럼 새겨 놓으렵니다.
시간의 날개가 모든 것을 지워버리겠지만
나의 노래 중에 어느 하나라도 사랑해 주세요.
먼 훗날 당신의 이름이
그 노래 위에 살포시 내려앉을 것입니다.

| A. 톨레로 |

삶은 죽음으로 가는 하나의 방법일 뿐이다

죽음은 우리를 깊은 잠 속으로 유인하지 않고는 목을 졸라 매는 일은 없다. 죽음이 우리를 생명으로부터 떼어놓는 비밀한 작업은 존재와 진실성까지도 거부한다. 그것은 색채를 잃은 세계이기 때문이다. 죽음으로 하여 세상과 헤어져야 한다는 사실은 그리 대수로운 고통도 아니며 유감스러운 사건도 아니다. 그래서 인간은 일회적인 존재이며, 자연의 일부분임을 깨달을 때 삶은 죽음으로 가는 하나의 방법일 뿐이다.

미라보 다리

미라보 다리 아래 세느 강은 흐르고
우리들의 사랑도 흘러내린다.
내 마음 속에 깊이 간직하리니
기쁨은 언제나 괴로움 뒤에 이어짐을
밤이여! 오라. 종아! 울려라
세월은 가고 나는 머문다.

손에 손을 맞잡고 얼굴을 마주 바라보며
우리들 팔 아래 다리 밑으로
영원의 눈길을 보내는 지친 물살이
저렇게 천천히 흘러내린다.
밤이여! 오라. 종아! 울려라.
세월은 가고 나는 머문다.

사랑은 흘러간다. 이 물결처럼
우리들의 사랑도 흘러간다.
어쩌면 삶이란 이렇게 지루한가
희망이란 왜 이렇게 격렬한가.

| 아뽈리네르 |

아름다운 사랑은 말의 유희가 아니다

그는 작은 몸을 나에게 기대었다. 그러자 전해 오는 심장 소리로 나는 살아 있는 또다른 육체를 확인할 수 잇었고, 그의 육체를 느끼게 하는 물결 같은 체온이 끝내는 나를 타오르게 하였다. 지금 그는 내 어깨에 기대어 숨겨을 고르는 낮은 숨소리가 들려왔다. 훈훈한 숨결이 조금은 거북스러웠지만, 난 그를 깨우지 않으려고 미동도 하지 않았다. 하지만 그의 귀여운 머리는 자갈길을 달리는 마차가 흔들릴 때처럼 위태로운 머리짓을 했다. 함께 타고 있는 다른 사람들도 얼마 남지 않은 밤 시간을 아끼듯이 피곤한 잠 속을 달렸다.

그렇다. 나는 사랑의 의미를 알았다. 사랑과 또 많은 삶의 의미를. 그러나 지난 날의 사랑에 대해 나는 어떠한 말도 하지 않으리라. 왜냐 하면 사랑은 말의 유희가 아니기 때문이다.

그렇다. 나는 사랑의 길을 알았다.

나는 떠돌며 이별하는 모든 것들의 주변을 위하여 스스로 방랑자가 되었다. 때로는 어느 곳에서 생활에 언 몸을 녹여야 할지 모르는 모든 사람들에게 애틋한 정을 느끼면서 유랑하는 모든 것을 열렬하게 사랑하게 되었다.

눈

시몬, 눈은 너의 목처럼 희다.
시몬, 눈은 너의 무릎처럼 희다.

시몬, 너의 작은 손은 눈처럼 차다.
시몬, 너의 마음은 눈처럼 차다.

눈을 녹이는 불같은 입맞춤
너의 마음을 녹이는 이별의 키스

눈은 슬프다. 소나무 가지 위에서
너의 이마는 슬프다. 너의 밤색 머리카락 아래서

시몬, 눈이 정원에 잠들어 있다.
시몬, 너는 나의 그리운 눈, 그리고 나의 연인.

|구르몽|

죽음 앞에서 모든 것이 완성된다

나는 인간의 번영을 감소시키는 그 모든 요소를 미워한다. 즉 인간의 예지를 상실케 하고 자신을 잃게 하고, 민첩성을 잃게 하는 독소와 같은 것들을 저주한다. 왜냐 하면 예지라는 감성은 완만함과 의혹을 수반하는 지혜라고 생각하지 않으니까. 그것은 내가 예지란 노인보다도 어린아이에게 더 많이 내재해 있다고 믿는 까닭이다.

 해후

모든 별들이 비취 계단을 내리고 풍악소리 바로 조수처럼 부풀어 오르던 그 밤, 우리는 바다의 전장을 떠났다.

가을 꽃을 하직하는 나비 모양 떨어져선 다시 가까이 되돌아보곤 또 멀어지던 흰 날개 위엔 볕살도 따갑더라.

머나 먼 기억은 끝없는 나그네의 시름 속에 자라나는 너를 간직하고 너도 나를 아껴 항상 단조한 물결에 익었다.

그러나 물결은 흔들려 끝끝내 보이지 않고 나조차 계절풍의 넋이 같이 휩쓸려 정치 못 일곱 바다에 밀렸거늘

너는 무슨 일로 사막의 공주같아 연지찍은 붉은 입술을 내 근심에 표백된 돛대에 거느뇨. 오, 안타까운 신월(新月)

때론 너를 불러 꿈마다 눈덮인 내 섬 속 투명한 영락(玲珞)으로 세운 집안에 머리 푼 알몸을 황금 정쇄(頂鎖)로 족쇄(足鎖)로 매어두고

귓밤에 우는 구슬과 사슬 끊는 소리 들으며, 나는 이름도 모를 꽃밭에 물을 뿌리며 먼 다음날을 빌더니

꽃들이 피면 향기에 취한 나는 잠든 틈을 타 너는 온갖 화판을 따서 날개를 붙이고 그만 어디로 날라갔더냐.

지금 놀이 내려 선창(船窓)이 고향의 하늘보다 둥글거늘 검은 망토를 두르기는 지나간 세기의 상장(喪章)같아 슬프지 않은가.

차라리 그 고운 손에 흰 수건을 나리렴 허무의 분수령에 앞날의 깃발을 걸고 너와 나와는 또 흐르자 부끄럽게 흐르자.

|이육사|

사랑이 주는 만족보다는 사랑의 무한함을 더 사랑한다

나이를 먹어감에 따라 정욕의 감퇴를, 일상생활에서의 권태감을 느꼈다는 것보다 탐욕에 가득 찬 나의 입술에서 너무도 빨리 쾌락이 사라져 버림을 애석하게 생각하였다.

때로는 나에게 주어지는 이익을 추구한 만큼 가치가 없는 것처럼 여겨져서 갈증을 끄지 보다 갈증 그 자체를, 쾌락보다는 그 예감을, 애정의 만족보다는 애정의 무한한 확대를 더 좋아하게 되었다.